鑑別翡翠

李英豪

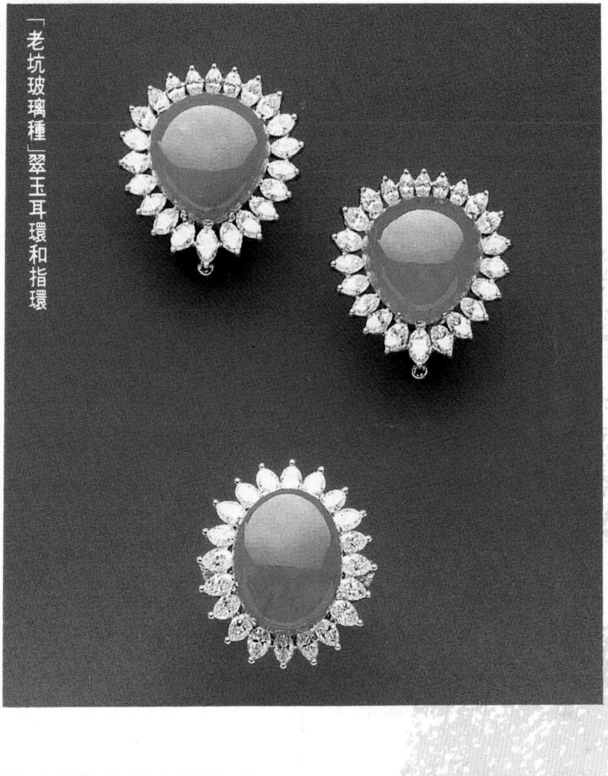

「老坑玻璃種」翠玉耳環和指環

博益出版集團有限公司
授權藝術圖書公司在台印行

目錄

A、B、C與料貨的鑑別

水、種、色優劣的鑑別

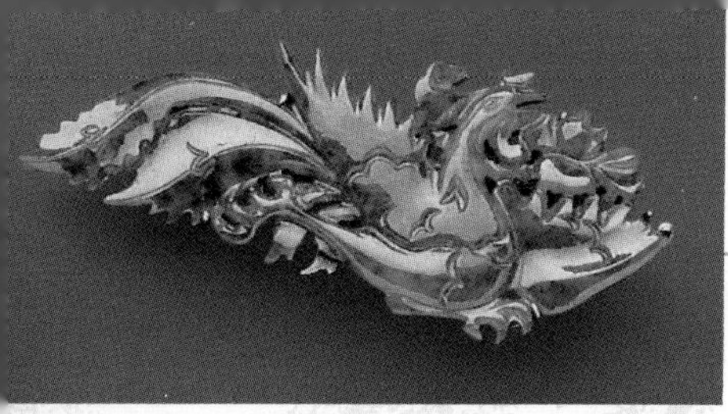

本書部分翡翠精品曾在香港太古佳士得和蘇富比兩大拍賣行拍賣。

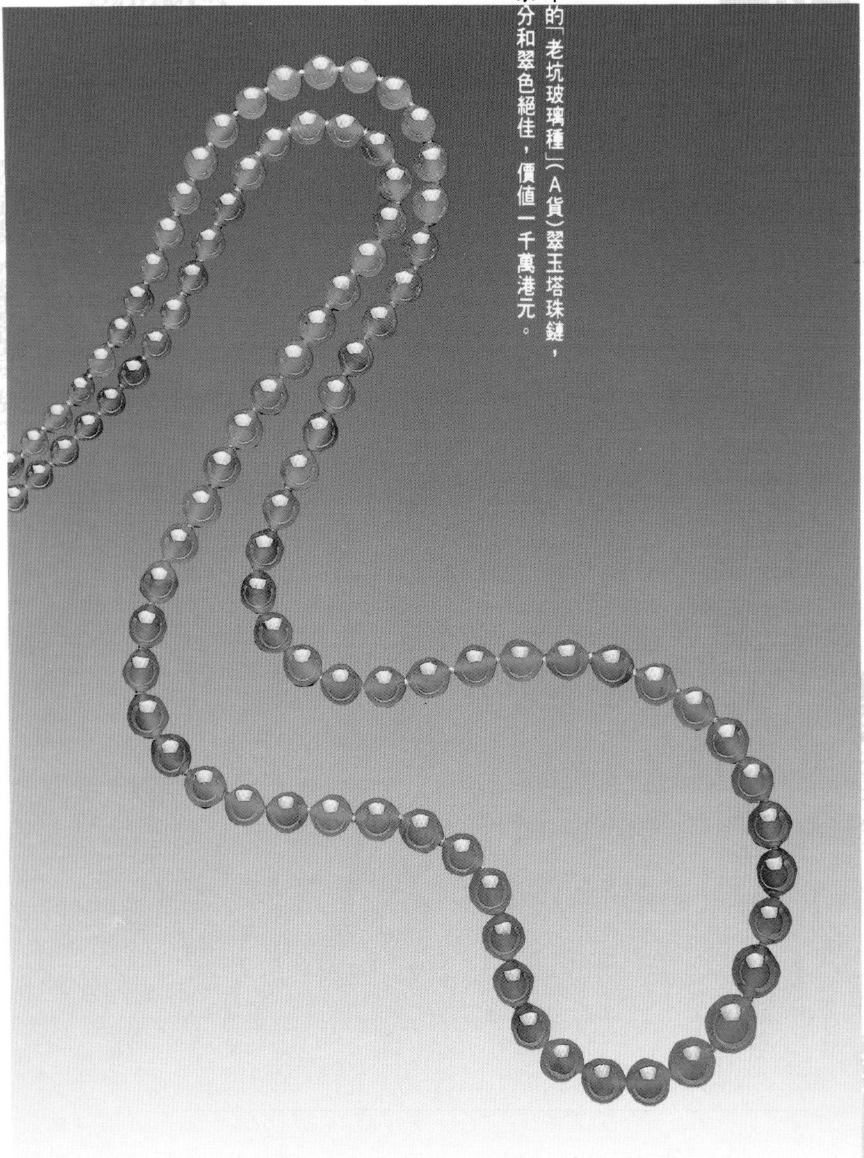

十分珍罕的「老坑玻璃種」(A貨)翠玉塔珠鏈，種質、水分和翠色絕佳，價值一千萬港元。

「老坑玻璃種」翠玉鏈墜「荷葉金魚」，種、水、色俱佳

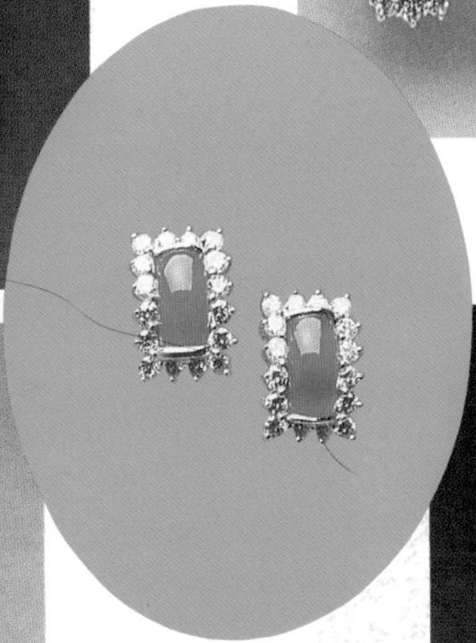

各款不同的「老坑玻璃種」翠玉耳環

「老坑玻璃種」蛋面翠玉戒指，四周鑲鑽石，價值約六十萬港元。

A、B、C與料貨的鑑別

A貨、B貨、C貨

行內人士把翡翠（俗稱翠玉）分爲A貨、B貨、C貨。玩慣翡翠的人士都知道是什麼貨色和有什麼分別。

A貨是沒有經過高熱、高壓等人工僞作的原裝翠玉（未經「B」過或曾經「電色」），本來的種質已經是這個樣子，色澤是天然的，俗稱「正色」或「眞色」。

A貨也不一定是一級的高檔貨，只不過並非「邪色」，沒有剔去雜質和塡膠上板，沒有燒過焗過。A貨本身也分很多級。

B貨並不是光指次生翠玉或次品，而是曾經由人工處理，比如用強酸溶解硬玉中的雜質，破壞了玉石的分子結構；又用環氧樹脂黏合。

通常用高溫電子瓦鐣加熱而脫除濁氣的B玉，會使人驟然看來覺得水頭長；事實上玉質並非天然，也不幼細；雖然能使人錯覺地覺得很通透，其實結構已遭破壞，因爲曾遇高熱，玉質已鬆散。故我們買翠玉切勿輕率大意和盲目相信人。坊間不少B貨冒充A貨，根本上是做過手腳的次貨。

不少台灣愛翠玉的人士來香港購買翠玉，光顧一些沒有信實的店子，往往買得這類假透亮的「造底貨」，要到三幾年後才知上當。

人工處理過的「造底貨」——B玉會漸漸失去光澤，出現裂紋，因爲曾受高熱燒焗，故夠日子時便像油盡燈枯。

A貨眞玉的種質、水分與翠色則永久不變。

C貨則與B貨一樣糟，是染色貨，俗稱「電色」或「入色」，經過重複加熱和染色的程序十數遍，日後遇高熱時會脫色的！

A貨舊工鏈墜

A貨的「老坑種」翠玉指環一對，歷久不變。

B貨經過高熱高壓製成

要用濾色鏡看清楚是否C貨

A貨翠玉指環

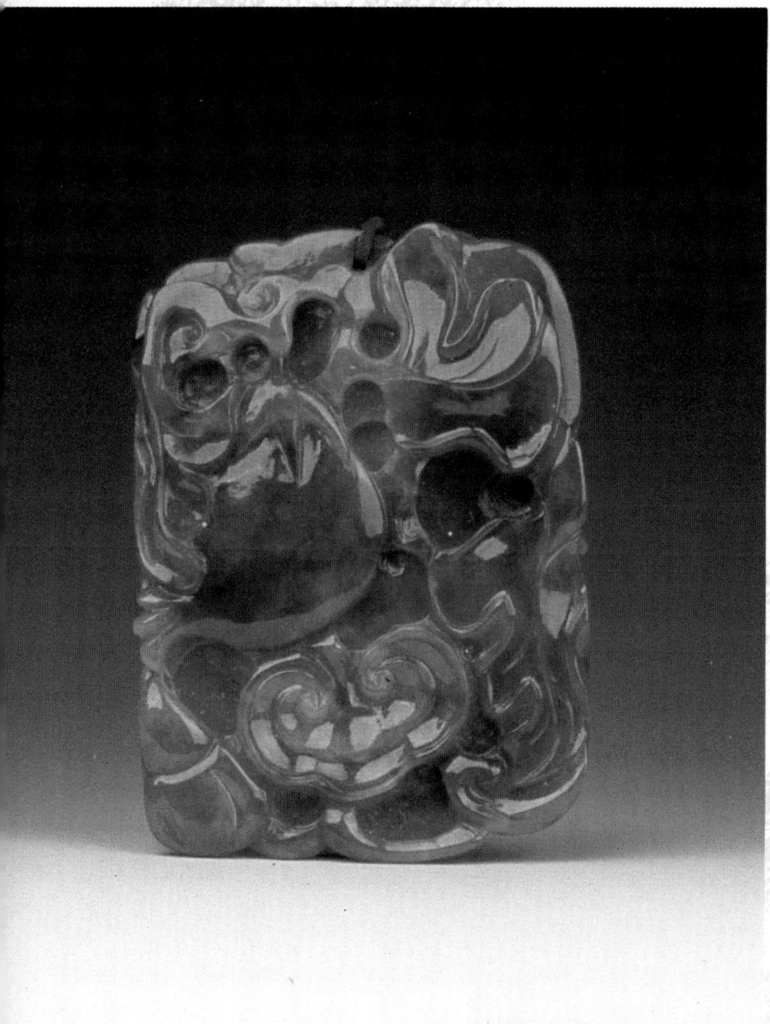

「老坑玻璃種」翠玉鏈墜「福壽如意」，翠色鮮濃陽勻。

高檔A貨長線保值

購買翠玉，千萬不要買假貨、染色貨和入膠托底貨，不但不保值，而且不耐久藏，三幾年便變質、變色。

故寧願買貴貨，小心選購，以免買得弄了手腳的貨色；否則，想保值，反而血本無歸。

在通貨膨脹甚劇的現代社會中，雖然翠玉的價錢昂貴，但只要是A貨的眞正「老坑玻璃種」或「水種」，等待兩三年後，就會「到價」，甚至超越買時的價錢。若收藏十年八載，肯定可以起很大的保值作用。

有位友人幾年前在國際性大拍賣行中以超估價二分一的價錢，購得一個「老坑玻璃種」的古老翠玉觀音鏈墜，另有一對高檔翠玉耳環，水頭長，種質好，色濃陽。當時，人人指她是一時意氣，買了貴貨，認爲不值。

不過，她獨排衆議，認爲這類「玻璃種」的精品極罕，應作長線投資和玩賞，不應短視，因爲不同於股票與外滙的短線炒賣，不可投機和急躁。

結果，事實證明她的確高瞻遠矚，幾年後的今天，她手上那些當時以超市價購入的高檔翠玉着實保值，價錢上漲越十多倍。試問哪些地產、股票和外滙有此回報率呢？但她不急於用錢，仍看漲，不打算賣出，很有遠見。

故要買翠玉保值，一定要買「老坑玻璃種」的高檔A貨。貪便宜買街邊貨、檔攤貨，風險大，B貨、C貨多；一些展銷會的行貨也難言保值的。

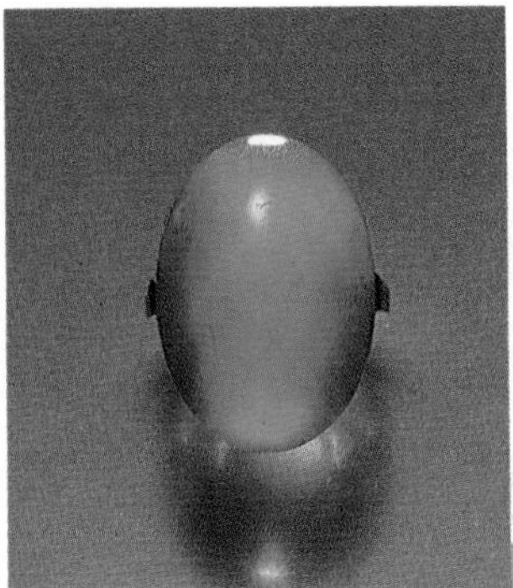

高檔A貨的「玻璃種」蛋面翠玉指環，甚罕有，曾在香港太古佳士得拍賣，價值三百多萬港元。

十分珍貴的「老坑玻璃種」蛋面翠玉指環，可作長線保值。

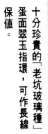

高檔A貨的「老坑玻璃種」，大可長期保值。

「老坑玻璃種」翠玉鐲，A貨具保值作用。

「老坑玻璃種」翠玉觀音鑲鑽石鏈墜，玉種、水分和色澤均上乘，曾在香港太古佳士得拍賣。

有綠處無絡與絡內無綠

一位朋友把佩帶的舊翠玉給我看，問爲什麼玉的翠青部分常常使人看來有閃藍發黃的感覺呢？

這是因爲屬於染色的C玉之故，北方人稱爲「度色」或「熗綠」。

C貨大都染色染得粗陋倉猝，所用的化學藥劑分量不適當或不穩定，因此置放過久，常遇强光或遇熱（包括近人身時遇到的體熱），綠色的部分就會「發邪」，亦即一般人所指的「邪色」——染色的部位並不透亮和均勻。

C貨用高溫焗色，破壞玉的原有結構，造成很多「蟾蜍爪」似的細微流紋和裂絡，與翠玉天然的細微波紋截然不同。作僞者就是利用這些小裂紋把假色滲進翠玉內。

由於假色由外向內滲進去，故近玉外表部分必然較深色，近內部便較淡色。

我們置於放大十倍的放大鏡下細看，便可看見有小裂紋處翠色頗深，因爲假色（化學藥劑）跟從逼裂的縫隙流進去，主要染綠了縫隙附近的小顆粒。可是，沒有小裂紋處，翠青色便很淡、很少、很淺，甚至幾近於無。

所以在放大鏡下，C貨的綠色是呈細絲狀的，翠青不是天然而均勻地渾成一體。

A貨的原色翠玉也有細絲紋，除了比較幼細許多之外，我們可以發覺A貨玉有翠青處並無小裂痕，而有玉紋處亦無特別深的綠色（所謂「有綠處無絡，絡內則無綠」）。

現今C貨的染色技術很到家，那些焗成的蛛網紋或螞蚱紋十分細微；因此我們除了借助「照妖鏡」（切爾西（CHELSEA）濾色鏡）之外，還應運用上述的鑑別法輔助，以分眞色與假色。

買翠玉切勿粗心大意和只靠肉眼鑑辨，那是絕對靠不住的。

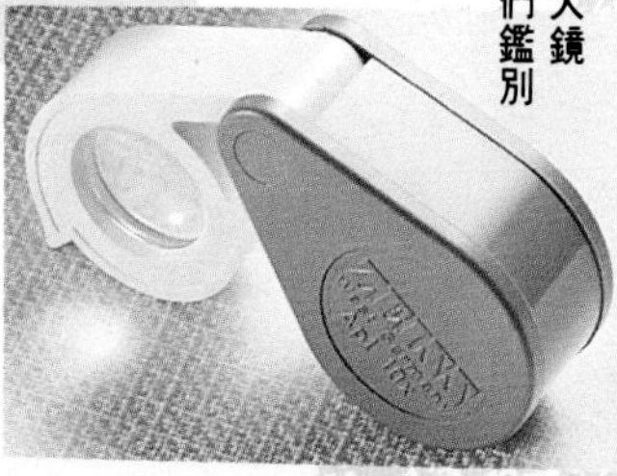

十倍放大鏡有助我們鑑別

有綠處無絡的「老坑種」翠玉指環

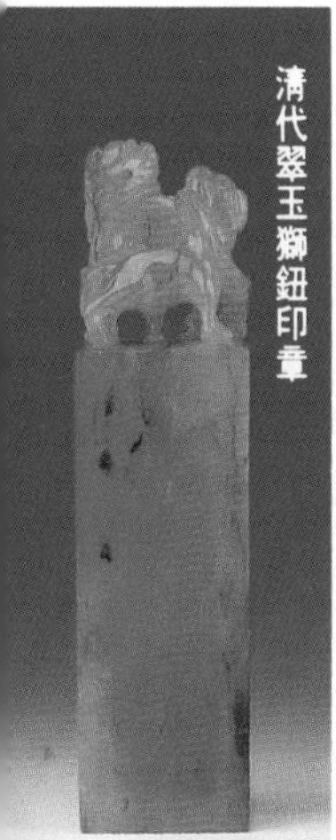

清代翠玉獅鈕印章

「老坑玻璃種」翠玉珠鏈、鏈墜和手鐲，種、水、色俱佳。

造底B玉易裂

一位友人去年買了一塊翠玉，後來才發覺是染色的C玉，很氣憤，拿着它到玉店理論，指他們賣假玉，但是還大字標明「專賣眞玉」。

老板反脣相稽：「一分錢一分貨，這麼便宜的價錢只能買得這種玉。它也是玉呀，只不過質地次一級，而且天然翠色不多，人工加點色上去好看點啊！」

說來像在字眼上挑毛病，但又不能夠到消費者委員會投訴，因爲的確是玉，只不過硬玉也有很多級數，價錢有雲泥之別。

所以，想不上當、不買人造色的劣等玉或次等玉，就應自己學曉鑑別。不過，就算用「照妖鏡」照，有些B玉也照不出什麼「妖」來。因爲現今B玉的作僞手法高明，會用强酸來溶解玉中的雜質，嚴重破壞了細密的顆粒結構；腐蝕完又以環氧樹脂、黃膠或白膠填充(俗稱「上膠」)，使天然的玉質大大改變。

天然通透和天然色澤的翡翠是永不變質，也永不變色的。然而，「造底」的B玉因爲經上述的改造、腐蝕與折騰，結構已鬆散，因此必然短命，長者三至四年，短者一年半載，便會像曾整容的女人，失去光彩而呈暗澀，更變脆裂。

買得B玉的，多數是三幾年後才發覺。有些無知者還以爲自己保養不得其法呢！

造底的B玉外表和A玉一般亮麗

A貨翠玉胸針，種質色調俱佳。

A貨高檔翠玉不但晶瑩，色澤亦不變。

B玉只會貶值

戰前，一枚「老坑種」的蛋面指環，原色相當濃綠鮮陽，也不過售港幣一百元；但現今要買同一隻指環，非付上接近港幣十萬元不可。

家母有對「老坑種」翠玉耳環，年青出嫁時購買，不過三十多元。現今也要三四萬元才可以買到了。

A貨的升值率是相當驚人的。尤其是「老坑玻璃種」的舊翠玉，幾已絕產，極品無瑕疵的甚罕，賣一件便少一件，貨源奇缺，收藏者不輕易放出來。

坊間因爲缺高檔A貨可玩，無形中使B貨流行，充斥翠玉市場；價錢雖比A貨少一半以上，但經不起時間考驗，只會貶值，甚至一錢不值，絕不會升值。投機分子用來轉手謀利，其實是謀取暴利，有違消費的原則和商業道德。不過有些人爲求賺大錢，早已不顧原則或道德；而吃虧和損失的總是消費者，故我們必須學曉鑑別翠玉。

有些翠玉件，有經驗的師傅拒絕鑲或改，因爲是經高溫、高壓破壞過的B玉，恐怕一動工便裂爛之故。

A貨不會貶值

提防是入水晶膠的B玉

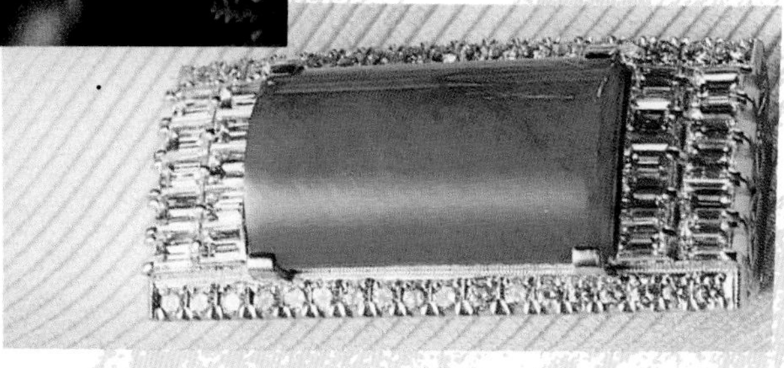

這A貨雖然不大通透，但不會像B玉那樣變壞。

翠玉最怕色蔫命短

翠玉注重「地」、「水」、「色」，好的翠玉飾物除三者兼備之外，「出水」功夫、雕琢技術、鑲嵌和設計等方面還要求一流。

翠玉色澤重均勻，忌分散，重質潤與「正氣」（現今翠玉首飾未必一定「正形」才好。「正形」指大小、形狀和厚薄等）。色不夠濃也屬其次，最怕是色邪。

翠玉雖然「嫩」的不夠好，「木」的水分差，但這也其次，最怕色蔫和「命短」。

B過的玉和染過的邪色玉，經佩帶了一段時期（平均約兩三年），色澤便會「蔫」，亦即毫無生趣，色不再鮮艷而變得枯澀呆滯。

眞正的A玉未經人工僞作與破壞，堅硬耐久，絕不會變質變色。B玉和C貨的壽命很短，質地被强烈逼壓過，顆粒分子大受破壞。這些「造底貨」和染色貨有如患了「愛滋」和「癌症」，一旦「病發」，便「無可救藥」，棄不足惜。

「B」過的玉夠日子，表裏的水晶膠皆受氧化，故會剝落和褪色。就算曾「出水」也會露出原形，壽數已盡，可能稍碰撞便粉碎。

高檔A貨從不會變，可以一代傳一代都同樣亮麗可人，並不會像B貨和C貨那樣化爲「殭屍般可怖」。故購買翠玉，豈能不先取經和學曉「照妖」呢！

僞製過的翠玉色調容易變得暗沈

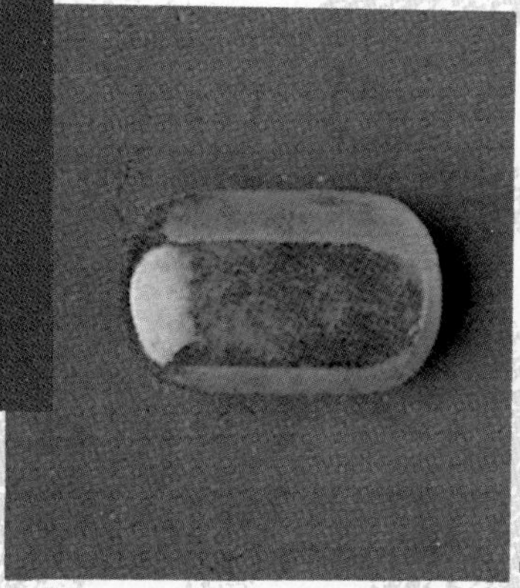

要先驗清楚亮麗的翠玉是否患有「愛滋」

A貨「玻璃種」翠玉，永不會患「癌」。

偽製增透的翠玉

最近朋友拿了幾件翠玉給我看，有蛋面、欖尖、雞心等形狀，其中兩件是有問題的。一件是「上板」的B玉，一件是用「挖空增透法」動過手腳的次等硬玉。

何謂「上板」呢？俗稱「造底貨」，是坊間一些所謂B玉或B貨的人工僞作工序之一。爲了把一些次等硬玉中的雜質、髒點與濁氣去除，增加其通透度（不是天然形成的），便用高溫燒焗，加强酸藥液蝕掉雜質，用水晶膠或環氧樹脂浸滲，透進空隙間塡補。

最後的步驟是除膠和把B玉緊貼於白底硬紙板上面。這樣看起來就像通透鮮明很多。不少冒充「冰種」的貨色，都是這類B過的次等玉，可說等於丫鬟扮小姐，粉絲充魚翅。

另一類所謂「挖空增透法」，是把一些本來水頭短、透明度不足或翠綠色暗沈不鮮陽的次等硬玉挖空底部，目的是提高透光率，使人看起來不會覺得色調死板呆滯。

僞作的目的，當然是想提高翠玉件的價值。有些挖空後，以錫箔紙造底才黏合。這個原理好比我們把一張微透明的綠紙放進玻璃的背面，驟然看起來便好像很通透，其實是假象造成的「假水頭」。

用人工方法增加透明度的翠玉並不足取

利用翠玉作雙翅的鳳鳥胸針，雖然不是「玻璃種」，但仍是A貨。

「玻璃種」A貨具天然水分和色澤，鑲成指環，特別奪目。

貼片與掏心補底

曾有讀者、電視觀眾和電台聽眾問我同一個問題：「翠玉是否愈多綠色愈保值呢？」

這並不一定，因爲多綠色的也可能是染色的C貨，亦即假色、邪色；也可能是用「開口貼片」或「掏心塗色」等方法作僞的。

所謂「開口貼片」，就是用玉種劣和缺翠色的硬玉（次等劣玉）作主體，於開口處緊黏一塊很薄的上等翠玉片，作用是遮蓋下面的次等硬玉。

這種手法稱爲「珍珠遮蓋禾稈」，名副其實「虛有其表」。外層的翠玉薄片是很翠綠的，但不是全塊玉皆綠，絕難言保值。這樣被人討便宜，便變成「窩囊」。

分辨方法是輕敲聽聲，聲虛的是假，聲實的是眞。最好是以十倍放大鏡看玉的開口四周，細察有沒有黏合痕跡和不同的明顯色層（色調突變或變得不自然）。

另一作僞手法是「掏心塗色」，有人稱爲「挖心肝法」。作僞者選一些沒有翠色但水頭頗長（如一些「冬瓜囊種」）的次等硬玉，從中間不等角形挖空，至外表數毫米的位置，塗上翠青色的染料，用錫箔紙補底，再行黏合起來。

這種假貨，外行者還以爲是水分好的「冰種」（透而不見底），外淺內深，上淡而透，下濃而密，其實是用假象、幻覺手法騙人。故我們必須用十倍放大鏡照看四周有沒有人工黏合痕跡。

「老坑種」翠玉鏈墜「大餘大利」

提防蛋面翠玉會掏心補底

購買高檔翠玉耳環，應看清楚有沒有貼片和補底。

翡翠

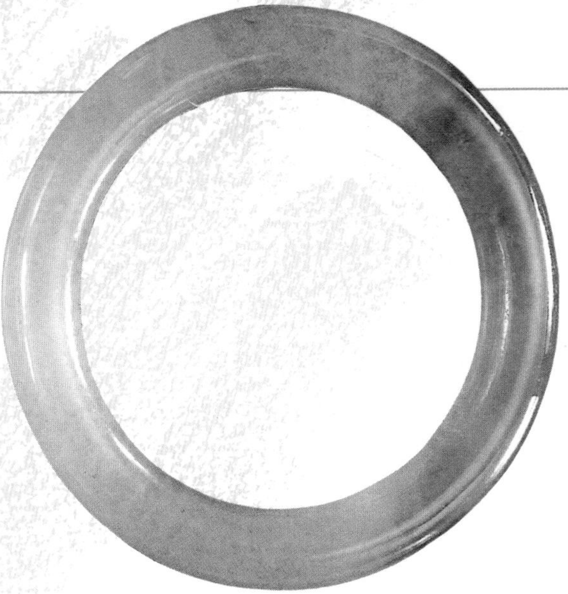

紫羅蘭翠玉鐲（A貨），種、水、色俱佳。

一九二五年卡地亞原裝舊鐘，用翠玉作鐘座，鑲以紅寶石，少見。

切爾西濾色鏡可辨C貨

拙著《保値翠玉》中曾談到「照妖鏡」，正式名稱應爲「切爾西(CHELSEA)濾色鏡」，日本人稱爲「祖母綠鏡」，因爲本來是用來鑑別「祖母綠」的，故英國貨的鏡套上註明是「EMERALD FILTER CGL」，意思就是「祖母綠濾色鏡」。

這種照妖鏡是鑑別翠玉是否染色的主要工具。它是一片特製的灰綠色玻璃，能夠吸收黃綠色光，透射深紅色光和少量深綠色的光。

因此，用來照看「祖母綠」這種寶石時，鏡片便吸收了它透過的黃綠光，只允許紅光透過(也有例外的)。因石本身含有天然的鉻元素(CHROMIUM)，故會泛出紅光。

染色的次生翠玉(C貨)，就是用人工方法逼進鉻的成分(如氧化鉻)或鉻的染色粒；因此，透過濾色鏡，便一如「祖母綠」那樣變成紅色、粉紅色，或紫紅色等色層來。(所顯現的色層就不同牌子的濾色鏡而定，應先看清楚說明書。)

眞正原色而非人工染色的翠玉，則因爲沒有逼進鉻元素，本身是鈉和鋁的矽酸鹽，含鐵元素，故呈灰、綠、白等色層，用切爾西濾色鏡照出來仍是灰綠；本來是濃陽的翠玉則會顯得更灰，因爲眞色翠玉透射的大部分是綠光，紅光很少或沒有。但，用此法「照妖」，仍非絕對可靠，因爲更現代化的染色C貨，連「照妖鏡」也照不出來。

曾有人問：「會不會用『祖母綠』來冒充翠玉呢？」「祖母綠」是貴價寶石，有些比翠玉還貴重，而且通透，色調不同，故應不會拿來冒充翠玉。

坊間多以石英岩加工和染色。

「玻璃種」A貨，可輕易用濾色鏡驗出來。

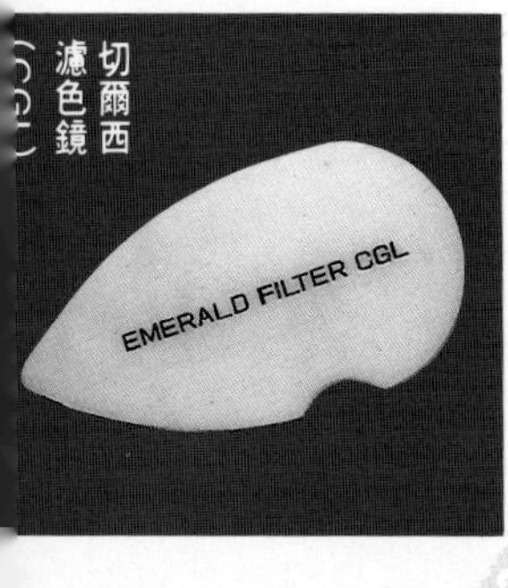

切爾西濾色鏡(CGL)

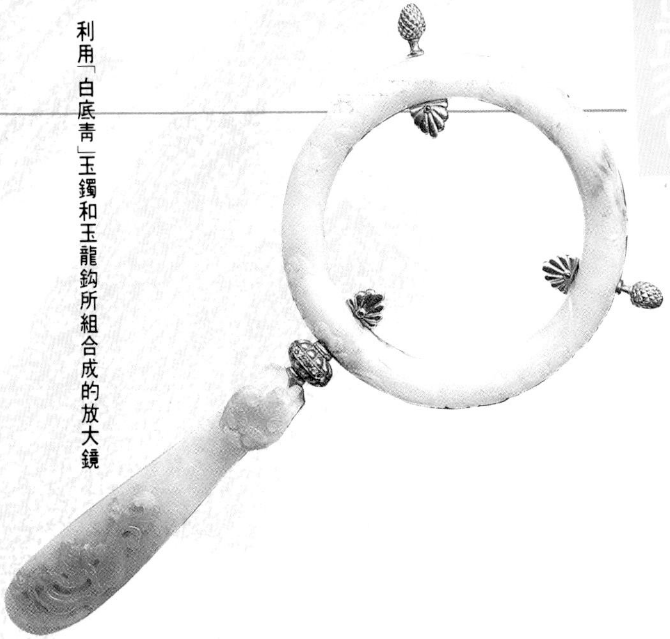

利用「白底青」玉鐲和玉龍鈎所組合成的放大鏡

用翠玉雕琢成十二生肖小擺件，色澤雖然不夠理想，但頗有趣。

光譜分析儀與比重水

鑑別翠玉雖然講究豐富經驗，但仍必須要用現代科學鑑證方法鑑別，切勿只相信肉眼，或聽人一面之詞。

現今B玉、C貨的作僞技術高超，尤其是前者的「造底貨」，並非只憑肉眼或經驗便可一下子分辨出來。台灣很多人來香港買翠玉，最易犯此毛病，以爲「亮麗」就迷人，誰知是壽命不長的B玉，因而受騙。

昂貴的「老坑玻璃種」，其實應有鑑別證明書，等於買珍貴鑽石，也應索取「出世紙」，作爲保證。

老行尊判翠玉眞僞，會看翠色顆粒走勢是否自然，抑或凌亂渙散，並使用聚光電筒與放大鏡等，但這也未必百分百準繩，經驗豐富的人也會偶一失手的！

我們除了用「照妖鏡」之外，還可用光譜分析儀（或稱爲「分光器」（SPECTROSCOPE））。每種寶石，包括翡翠，在光譜分析儀下皆有不同的光譜。凡是褪黃褪黑、「入膠」的托底B玉與染色（熗綠）的C貨，在光譜分析儀下會出現色帶或暗影，特別是在紅色的光譜附近，更呈現寬吸收帶。A貨的眞翠玉則沒有。

另一方法是利用比重水。翡翠爲硬玉，比重應爲三點三三，最小也介乎三點二二至三點二四之間，故只需用三點三二的比重液測試，眞翠玉會沈下，玻璃、松香、塑料等僞裝貨會浮面。

另又可用顯微鏡細看是否「入色」和有不正常裂紹，效果勝於用十倍放大鏡。

「老坑玻璃種」翠玉指環，可作男女婚戒用。

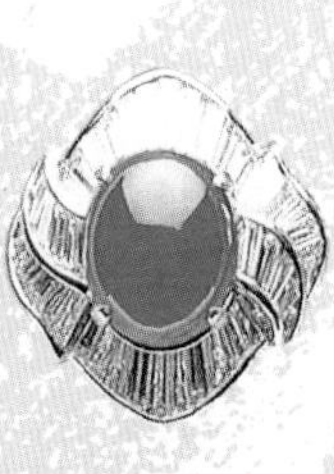

設計高雅的「玻璃種」翠玉指環

「金絲種」翠玉指環

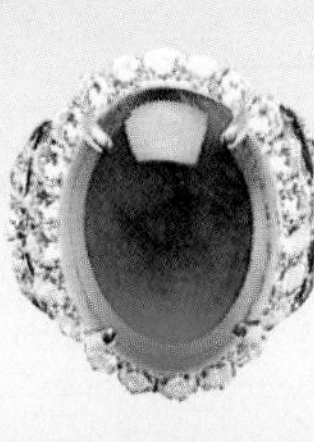

「老坑玻璃種」蛋面指環

「老坑玻璃種」翠玉鏈墜「如魚得水」，四點五厘米高。

折射儀有助鑑別

鑑別翠玉除了用切爾西濾色鏡，十倍放大鏡和光譜分析儀之外，亦可利用折射儀。

光線射到一塊翠玉或假玉上時，部分被反射，部分進入玉石內。由於玉石爲較空氣緻密的介質，故光線在其中的進行速度比在空氣中慢，而且會偏向。這種偏向就是「折射」，有人稱爲「折光」。

不同石質的折射率都不同，而A貨翠玉的折射率平均應爲一點六六。經加熱、加壓的C玉和用強酸褪去雜質而塡入水晶膠的B玉，皆會影響玉本身的折射率，因經膨脹和加入了外來物質。

故平均折射率與一點六六有差別的，大多數都有問題。比如有些玉件用折射儀測試出來的折射率是一點五六或一點七一，皆非A貨翠玉，可能是其他石染色冒充，像綠色熒石的折射率就只有一點四三，鉻玉髓約爲一點五四，鈣鋁柘榴石爲一點七二。

使用雷納折射儀（RAYNER'S REFLECTOMETER），要在平台鉛玻璃表面滴上甚少量的油，作爲接觸液。這種油與鉛玻璃一樣，折射率皆爲一點八一。

我們把翠玉的平滑切面（如背面平滑處）放在鉛玻璃面的油上。儀器後面的小窗口會射入光線，我們便可從目鏡中讀出分畫尺上的數據。

分畫尺會有一部分明亮，其他部分卻陰暗，二者的分界直線就是折射率的數據。

上述所示的折射率是指單折射，也有所謂雙折射。但翠玉因爲屬於單斜晶系、雙光軸礦物，故雙折射沒有那麼明顯。

一般已鑲好的蝴蝶胸針、蛋面戒指、馬鞍式戒指和玉鐲（鈪）等表面爲圓弧形，凸起而不平整，故難用上述標準法測看；那麼就要改用「遠視法」（或稱爲「點側法」），接觸液不但要少，還要先用脫脂棉抹淨。我們要把眼睛後移，與目鏡距離廿五厘米，才能找到培影邊緣的數據。

「老坑種」舊工翠玉鐲一對，種質甚佳。

「老坑種」翠玉鏈墜「福祿如意」

補充幾點鑑別法

鑑別翠玉並非易事，事實上頗爲複雜，要豐富的經驗配合各種科學鑑證方法（物理方面的種種分析）。所謂「道高一尺，魔高一丈」，近來製造B玉的技法更進一步，比較前幾年又高明許多，能延長B玉變暗黃（因用黃膠塡入）、變乾脆的期限，而且較難鑑別，買家偶一疏忽，便易上當。

以下補充幾點在鑑別時也應注意的事項：

㈠若把眞正的A貨「老坑玻璃種」（不超過一厘米厚）放在一張有字的紙上，置於較强的光照下，可透明見底；其他玉種均很難透見下方的文字。若屬B玉，因本來不大通透，只不過經酸蝕後塡入水晶膠，更難清楚透見紙上的字。

㈡我們用「照妖鏡」分辨時，可視乎玉的透明度決定光源應在玉的上方抑或下方。水頭短的或透明度低的，光源宜在上方。水頭較長的，亦可放在光源和濾鏡之間來看。

㈢有些翠玉是以新玉仿古，除了形制和紋飾刻意模仿外，還用煙薰、火燒、腐蝕和僞殘等手法。我們要細看表面的氧化層，自然氧化和仍鮮陽的才是眞舊。

「老坑種」翠玉胸針，雕工、鑲工皆精細。

舊雕工「老坑玻璃種」翠玉，色澤鮮陽勻正，種質極佳。

保值的「老坑玻璃種」翠玉指環，全部爲種、水、色俱佳的A貨，大多數是蛋面，鑲成不同的華貴款式

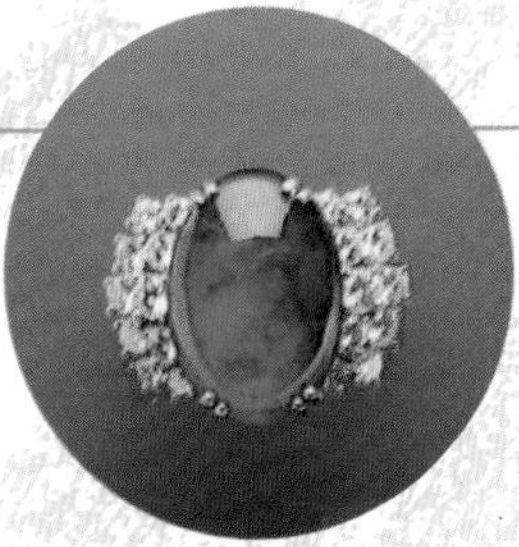
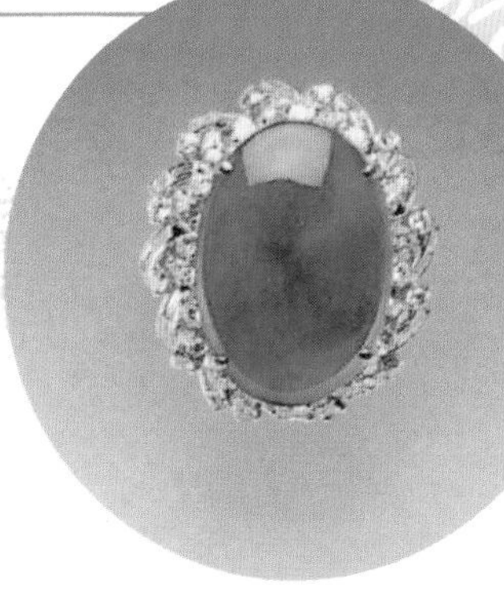
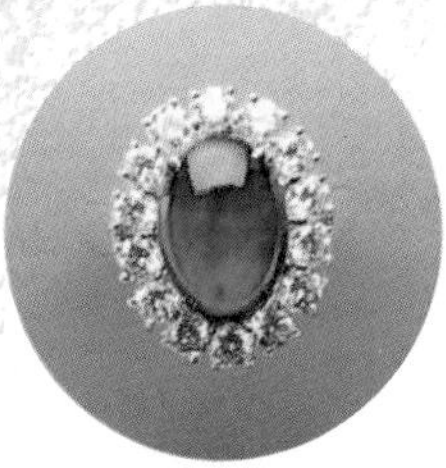
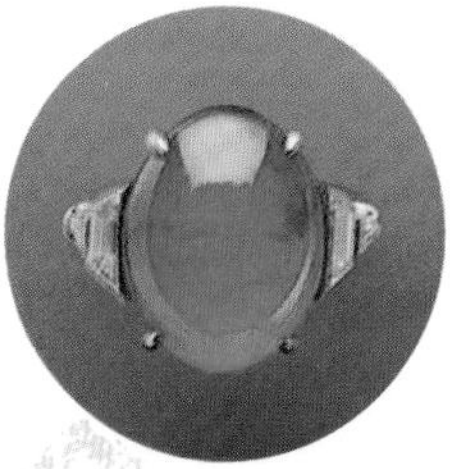
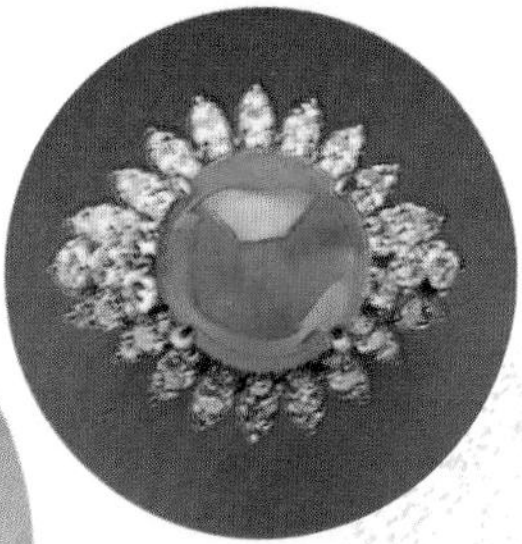
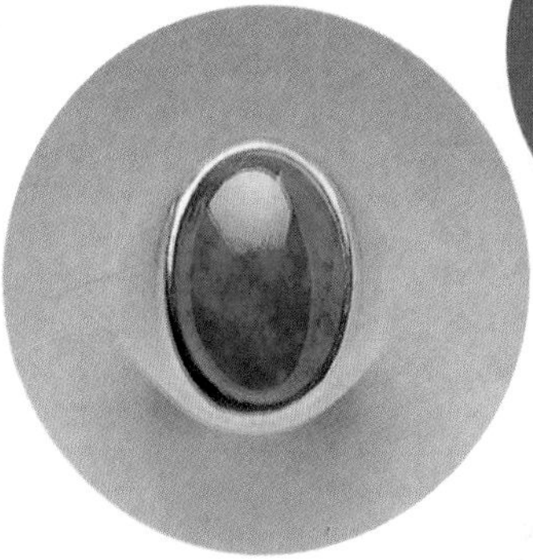
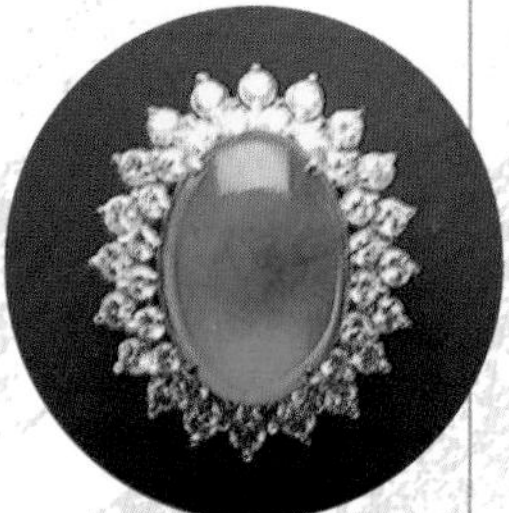
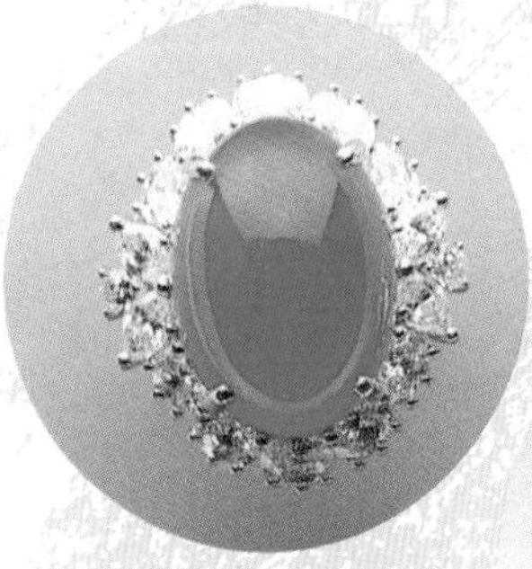
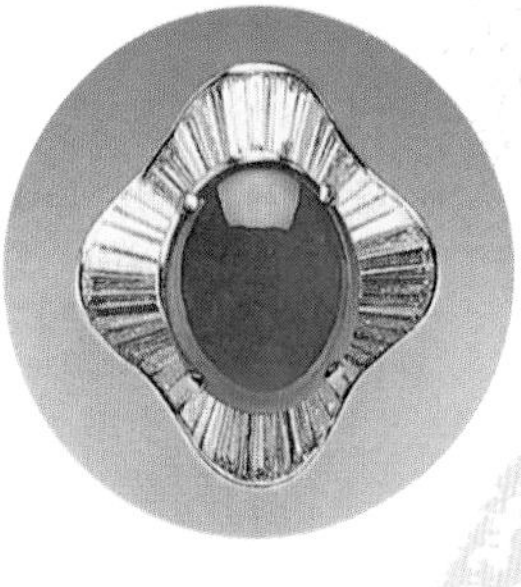
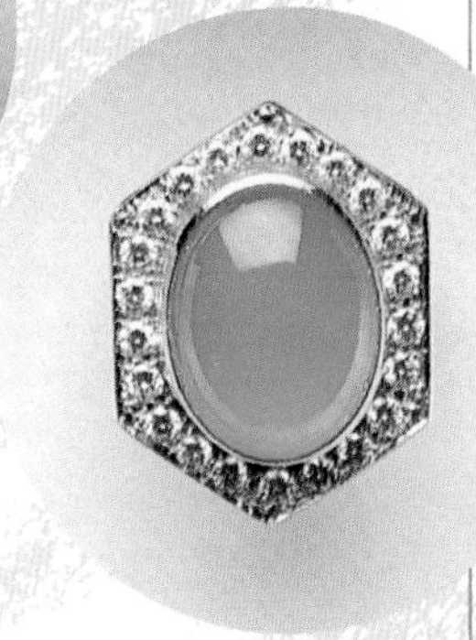

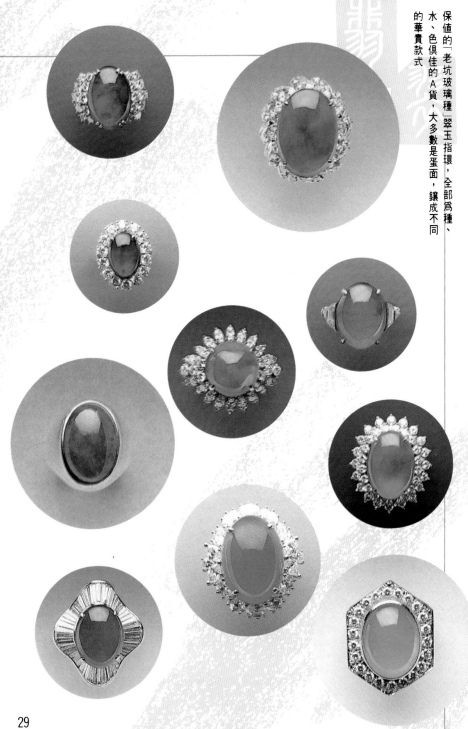

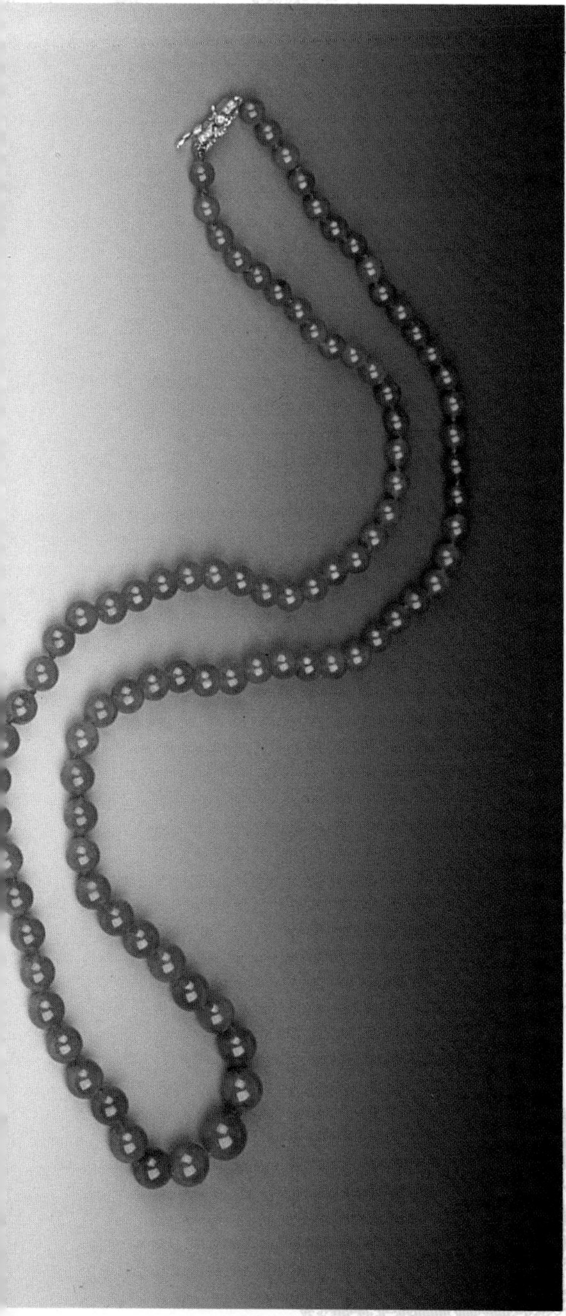

「老坑種」翠玉珠鏈，共有九十三顆玉珠，色調均勻。

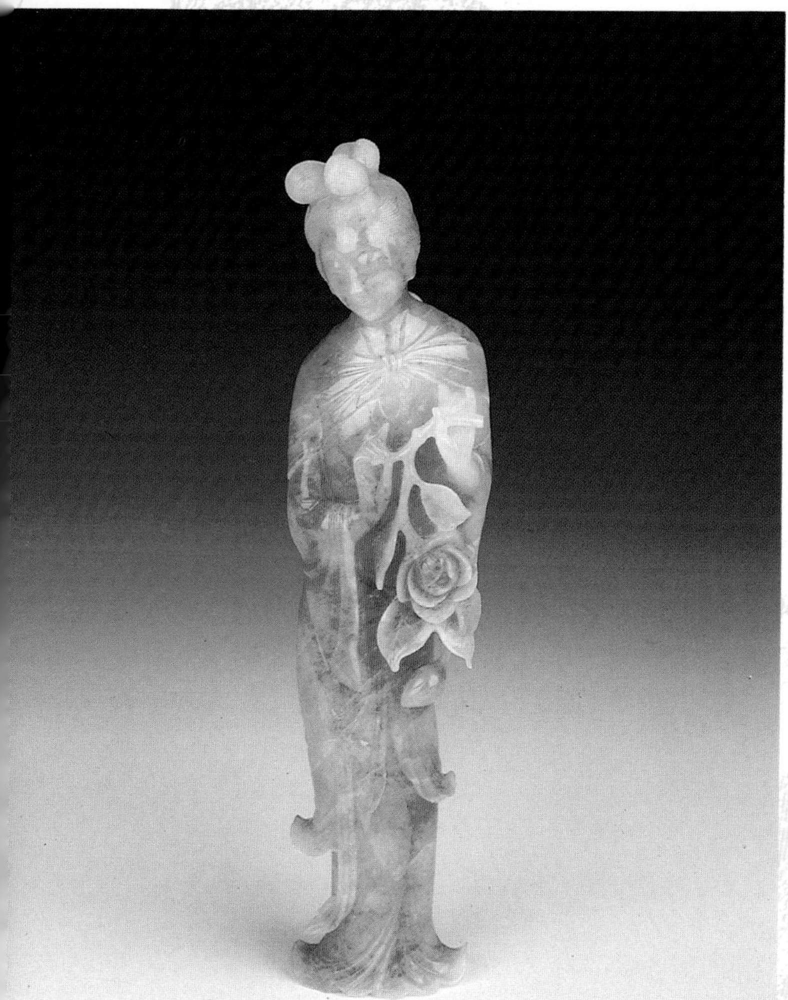

雕工上乘的紫羅蘭玉女像，可惜腳部稍有瑕疵，但價值亦不菲。

怎樣分辨假料？

稍爲對翠玉有些認識的人士，都不會被冒充翠玉的「料」所愚。

所謂「料」或「料翠」，是民間通稱，指假料類的非翡翠物質。較常見的「料」是玻璃料、塑膠料、松香料和其他燒料。

這些「料」是用來欺騙對翠玉全無認識或貪便宜的婦女。尤其是玻璃料（與「老坑玻璃種」的高檔眞翠玉有天淵之別，切勿因爲皆有「玻璃」二字而混淆），是舊翠玉中常見的一種僞造品，以玉鈪（鐲）、珠鏈與戒指蛋面爲多。現今大家對區分假料與眞翠玉已有了基本認識，一眼看去或一經上手即可辨別，不爲其假綠欺蒙。

同等大小的話，眞翠玉的手感較重，假料很明顯較輕，特別是塑料，更感輕飄飄的。

眞翠玉是硬玉，在光照下有質感。假料則無，而且由於硬度甚低，我們只要用手使勁摩擦，假料的表面即易起毛。眞翠玉的表面愈摸愈光潤，不會起毛的。

我們可以放在強光下（或把大電筒開亮放其後方）照照，假料有氣泡（俗稱爲「料泡」或「豬鬃毛眼」），多數頗爲明顯；有些還可見流紋，用放大鏡可以看得更清楚，應無所遁形。

我們可用手指蘸清水，把水珠滴在拋光面上。如果是假料，水珠會立即散開（塑膠料除外），眞翠玉則不會散開的。

假料色必呆板，色帶藍而不均勻，而且無「翠性」（晶狀顆粒結構），有色與無色之接觸點很明顯地截然分開。

假料有氣泡和容易有裂紋

三十多年前製造的假料

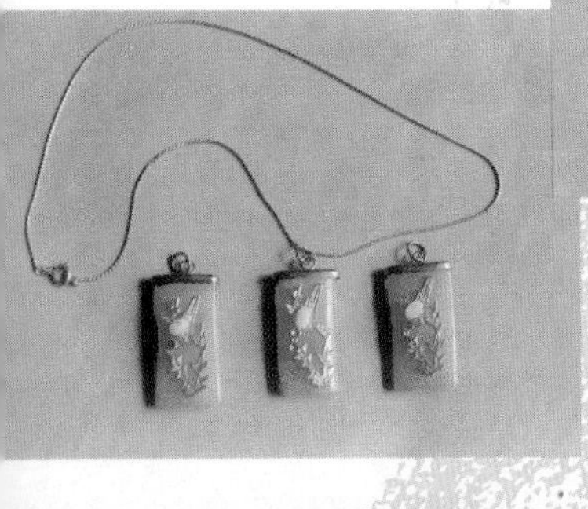

鑲嵌寶石的假料

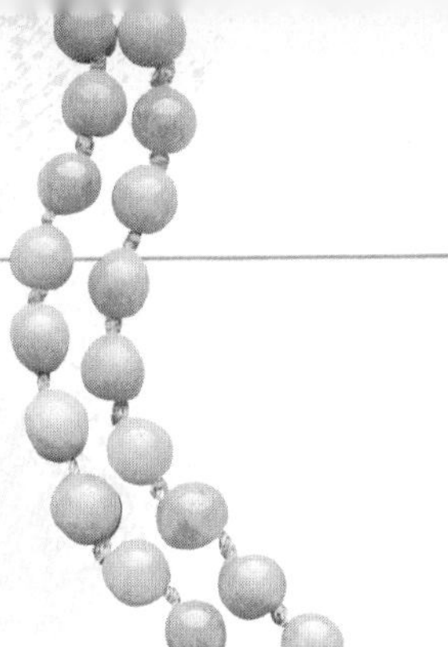

紫羅蘭玉珠鏈，色澤上乘，大小均勻。

種質頗佳的翠玉鐲，可惜一小部分欠鮮翠濃勻。

購貴翠玉要有保證書

香港消費者委員會的一份研究報告指出，購買翠玉的人士若要維護自己的消費權益，除了要光顧信譽好的店子、不要貪廉宜貨和隨便購買鑲在飾物上的翠玉(因恐怕屬「三及第」的夾心貨色)之外，若屬貴價貨，所購之翠玉應有執業寶石鑑證師簽發的保證書，並在保證書上有該翠玉明確的彩色照片，在收據或發票上應有列明該翠玉的種質(如「玻璃種」、「冰種」等)和細項，以便在將來有懷疑時用作憑據。

有些人購買翠玉時粗心大意，只看表面；尤其是一些台灣買家，只要「亮麗」，便會「眼前一亮」，而不理會是否屬B貨或C貨。

光顧一些不相熟而又不知其信譽的商號或攤檔，更要千萬小心，因目前坊間B貨和C貨充斥，魚目混珠的很多。

眞正高檔的「老坑玻璃種」價值企穩，只有升而難降，絕少有大減價的平價貨。故貪便宜者每每買得B貨或C貨，以致將來發覺時欲哭無淚。有些發票上根本無細項詳述，亦不附保證書或鑑別證明文件。

假若交易後買主才發覺不對勁，一些不誠實的商人會推得一乾二淨，甚至不承認那塊玉是他們經手賣出(因無憑證)，反而指買主用另一塊玉冒充頂替。

凡購幾萬元以上的貴價翠玉，最好有上述的保證書；否則應先與玉商簽訂臨時合約，把翠玉送給認可的獨立專業鑑定專家檢定，證實屬A貨眞翠玉後才可付款。鑑別費用約港幣一千元左右，可先議定由哪一方支付。

用舊工「老坑種」翠玉件鑲配成的胸針，典雅大方。

購買高檔翠玉，要驗清楚是否A貨。

珍貴「老坑種」翠玉鐲，應附有保證書。

「老坑玻璃種」翠玉鑽石耳環、鏈墜和戒指全套

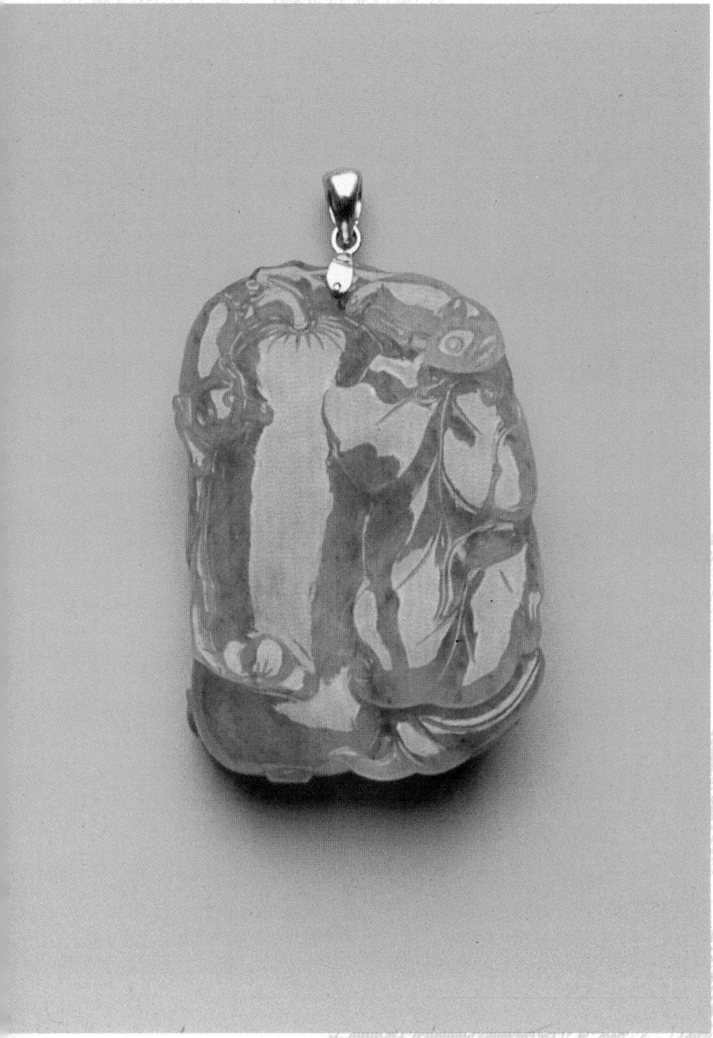

「老坑種」翠玉鏈墜，五厘米高，浮雕松鼠與甲蟲。

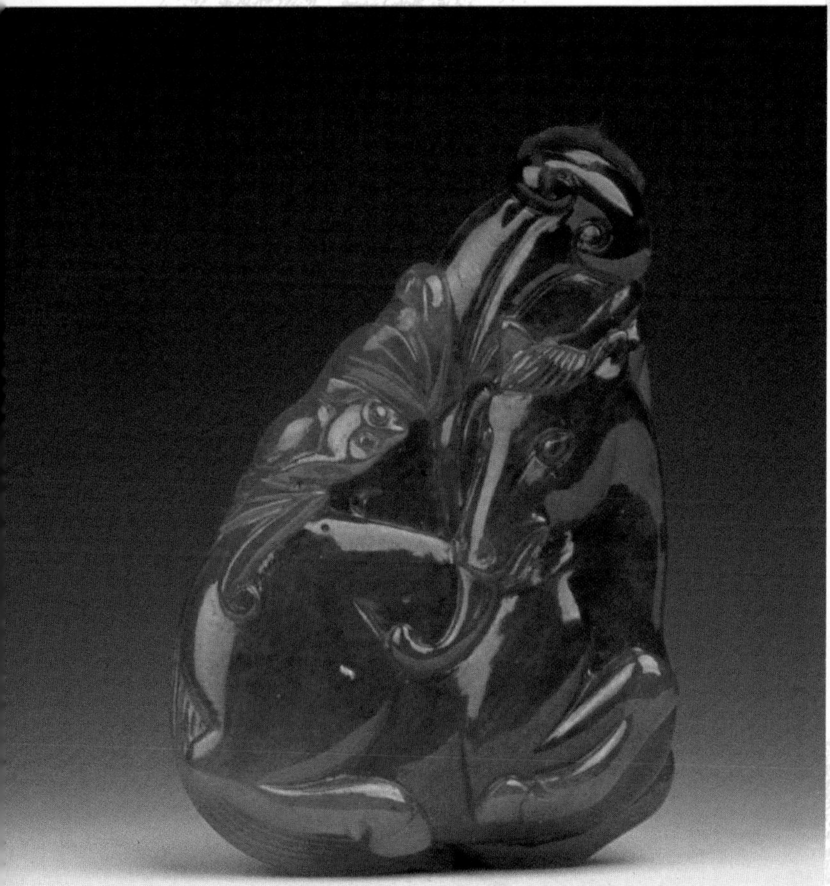

「老坑玻璃種」翠玉件「馬上如意積福」，頗具保值作用。

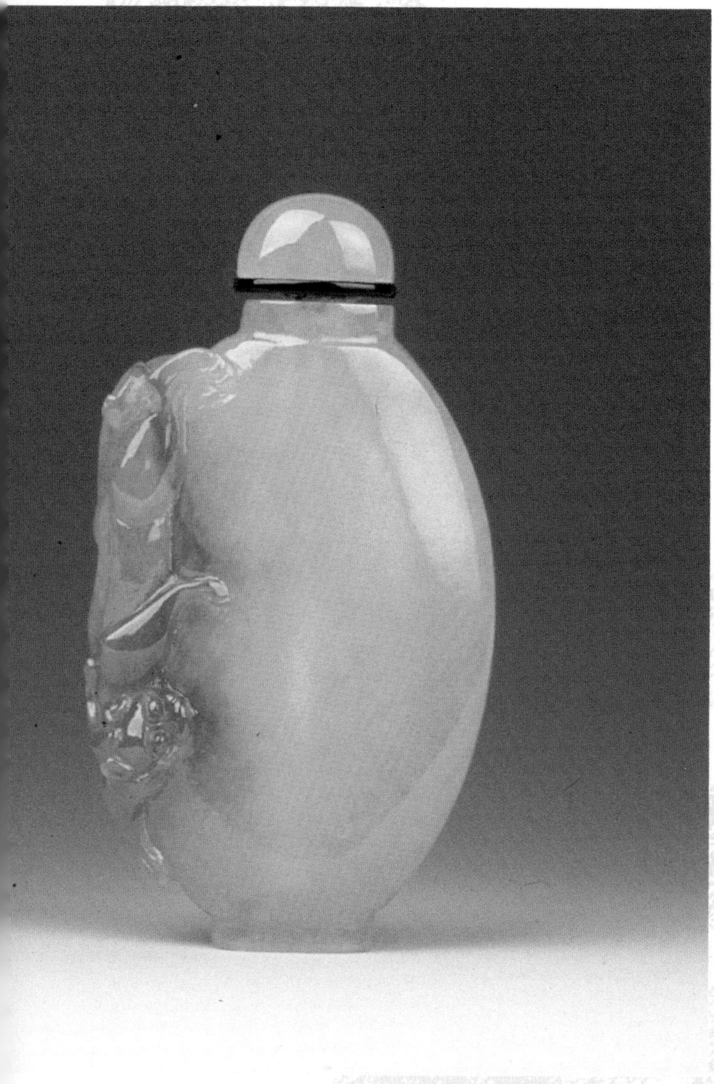

清代翠玉鼻煙壺，旁邊雕有螭龍，翠色鮮陽，水頭頗長。

質地和雕工上乘的紫羅蘭玉雕像，舊工，罕有。

「翠性」──晶體的顆粒結構

北方民間人士談及翠玉時，常提到「翠性」這個詞語。究竟「翠性」是什麼呢？

我們首先要明白翡翠的物理性質。翡翠本身是屬於鈉鋁輝石，基本化學成分爲硅磷酸鋁鈉，由很多細小的晶體顆粒所組成，呈細晶或隱晶的纖維狀，是十分堅韌緻密的集合體，斷口爲參差狀。有些晶體顆粒結合成片狀或呈點狀，多數結構堅密，故其硬度頗高，稱爲硬玉。

坊間有人把這獨特的晶體結構叫作「蒼蠅翅」，是鑑定翡翠的重要依據之一。這些細小晶體顆粒的結構爲翠玉的特點，猶如蛋白石有「變彩」、祖母綠有「蕉渣紋」的特色。

我們只需對光而視，便能看見翠性。

高檔的翠玉如「玻璃種」和「冰種」的內部結構成纖維狀，玉質很堅韌。有些「金絲種」也是。

晶體顆粒愈小愈好，亦即翠性小爲佳，小才幼滑細潤與凝靈通透。

翠性大，顆粒就粗，沒有那麼堅韌，大多數屬粒狀結構。

翠性小的翠玉，我們不易憑肉眼看見閃亮的礦物小片；但翠性大的，則肉眼能夠看見其較粗鬆的粒狀結構。這類硬玉多數水頭短、翠色淡，最典型的就是坊間常見的「豆青種」和「冬瓜囊種」。

其他如中下檔的「芙蓉種」和「油青種」，雖然說翠性較「豆青種」爲小，但仍可模模糊糊見其顆粒界限。

翠性愈小，愈近似角閃玉中的一級白玉那樣細膩結潤，愈能保值。

凡「B」過的玉，因受強酸所侵蝕，晶體顆粒受破壞，翠性大大受損，故三兩年後便呈暗沈、鬆散和絡裂了。

「翠性」特佳的「玻璃種」翠玉

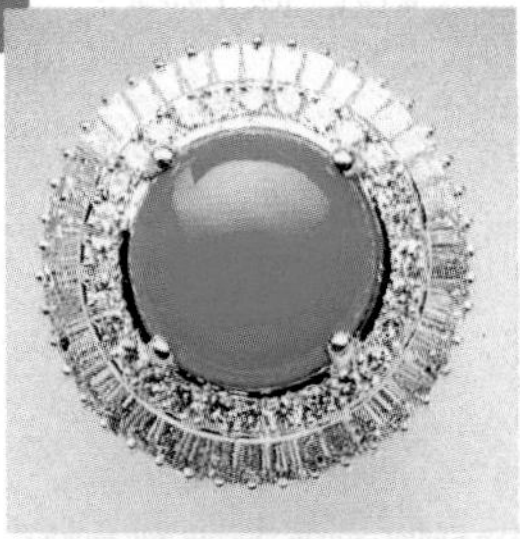

「翠性」好的「玻璃種」，分外晶瑩。

紫羅蘭玉也要講究「翠性」的優劣

特級「老坑玻璃種」飾物，種質極佳，晶瑩通透，色調濃陽純正均勻，價值不菲。

「玻璃種」、「水種」、「冰種」

拙著《保值翠玉》中曾談及「玻璃種」、「水種」與「冰種」這三個名詞。很多人都混淆了，誤以爲是同一種質。

其實，嚴格上畫分，不能將所有晶瑩通透的皆混稱，因爲事實上三者並不等同，多少有高下與等級上的分別。

「玻璃種」是完全透明，有玻璃光澤，沒有雜質或其他包裹物，結構細膩，韌性强，好比玻璃一樣均勻，無石花、無棉柳，甚至無蘿蔔花，透明見底。

它們顯得鮮陽、純正、色濃，有熒光。厚一厘米的「玻璃種」，也可以通透晶瑩如水晶。

「水種」雖然也有玻璃光澤，也透明如水，與「玻璃種」基本上相似，但是有少許水的掩映波紋，或有少量裂紋(暗微裂)，或含有其他不純物質，可說是質量稍差的「玻璃種」。亦屬上品，價錢頗貴。

「冰種」雖然外層表面上透明，但非完全通透、予人冰瑩的感覺，故水頭不及前二者長。有些B貨便充「冰種」，應小心！

水分頗佳但欠濃陽翠色的玉件，價值不高。

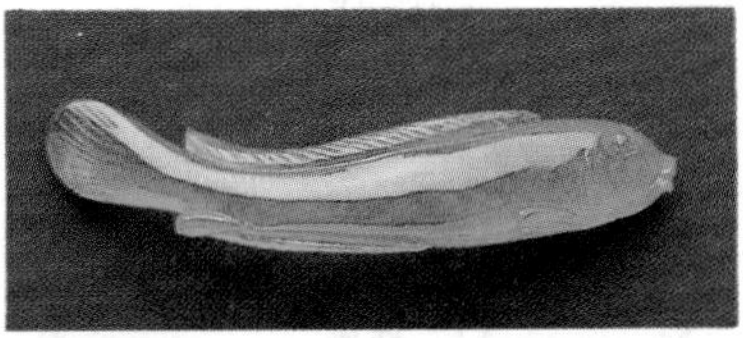

特級「玻璃種」翠玉小魚，工藝超卓。

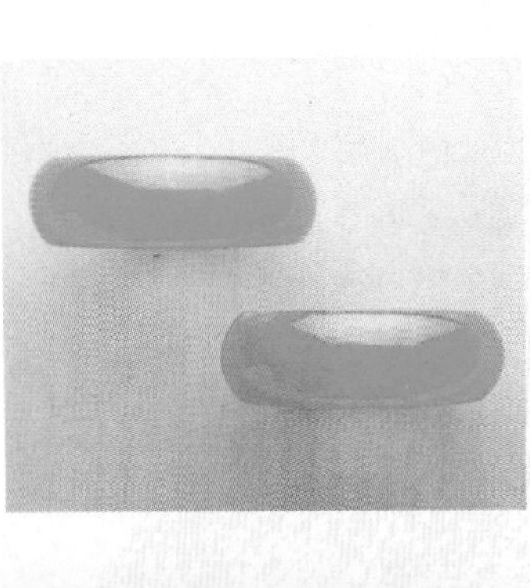

A貨的「老坑玻璃種」翠玉指環一對，價值不菲。

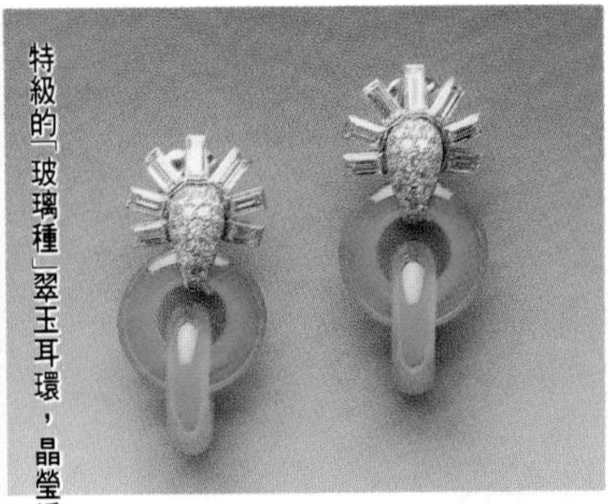

特級的「玻璃種」翠玉耳環，晶瑩透亮，翠色不變。

特級「老坑玻璃種」飾物，種質極佳，水分充足，色澤濃勻純陽。塔珠鏈爲一九二零年舊工，價值四百萬港元。指環的價值爲二百萬港元，曾在香港蘇富比拍賣。

珍罕的「老坑玻璃種」翠玉如意鏈墜，種、水、色皆爲最上品，價值約三百五十萬港元。

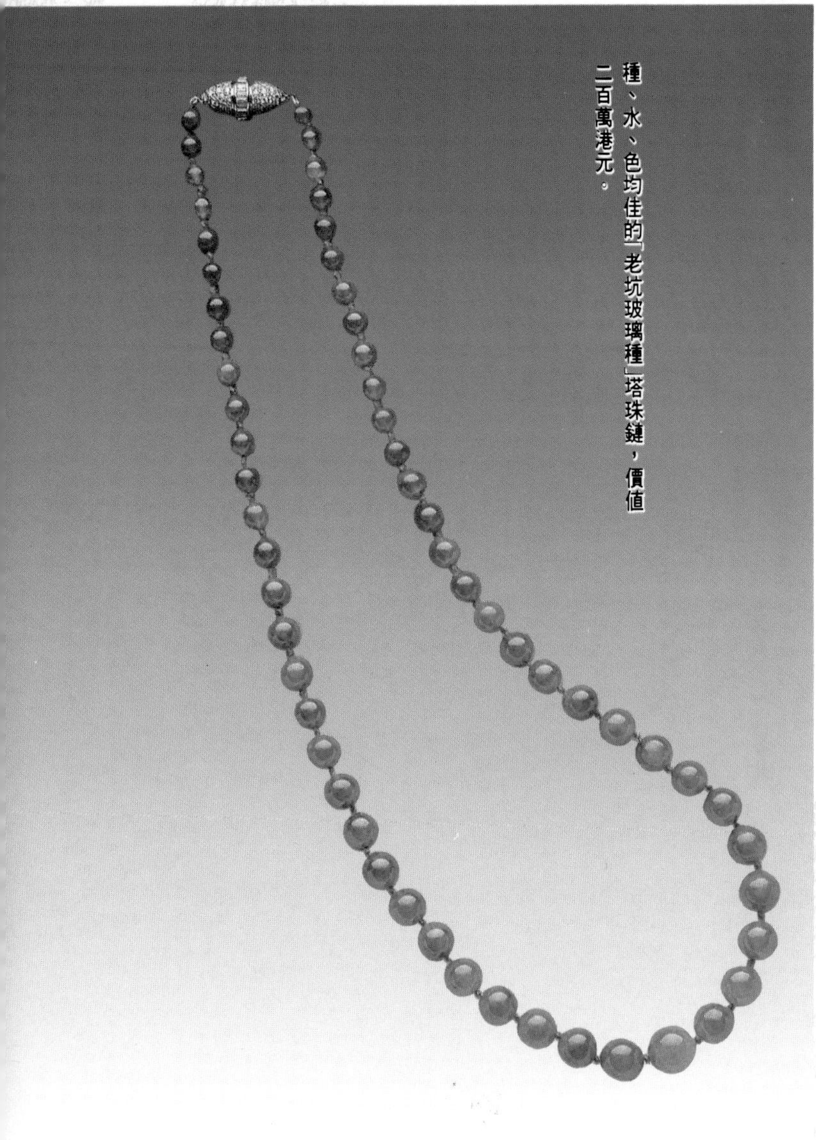

種、水、色均佳的「老坑玻璃種」塔珠鏈，價值二百萬港元。

「蛋清地」、「鼻涕地」、「青水種」

翠玉的種質其實不只是十種八種，而是有很多種，行家分別細微。

坊間常見的「花青」和「豆青」，本身也有很多等級。最上等的「玻璃種」也因色層、色調而有別，只不過其通透勻純則一，不可以爲只分「玻璃艷綠」（色濃鮮陽）和「玻璃綠」（色稍偏淺）。

不同的種質或質地，價錢便不同。香港方面簡稱種質爲「種」，但中國方面卻簡稱爲「地」。

除了「玻璃種」、「水種」和「冰種」爲上等的玉地之外，其他種質皆較次而有所不及。

比如「蛋清種」或「蛋清地」，雖然與上述三者一樣有玻璃光澤，但質地不是似水晶、清水或冰塊，而是像蛋白（雞蛋清）。

有人把「蛋清種」也歸入「玻璃種」，鄙見不以爲然。通常是商人想提高價錢，充作高檔貨而已。

我們只可以說：「蛋清種」不過近似「玻璃種」，但稍爲混濁，並不清澈，也沒有熒光，水頭較「玻璃種」和「水種」短，不過質地卻很純正，種 好。

另一種稱爲「鼻涕地」，與「蛋清種」一樣具玻璃光澤，只不過質地形如清鼻涕（不是濃黃）。

若論級數，又比「蛋清種」稍低，因爲水頭更短，而且沒有那麼純正和乾淨。

「青水種」質地也透明，但比上述幾個玉種差些，上品的也只能算是中檔玉，與高檔的玉種差了一大截。它們泛青綠色，近似水地，可是受色干擾，故有所不如。大家選購時要留意。

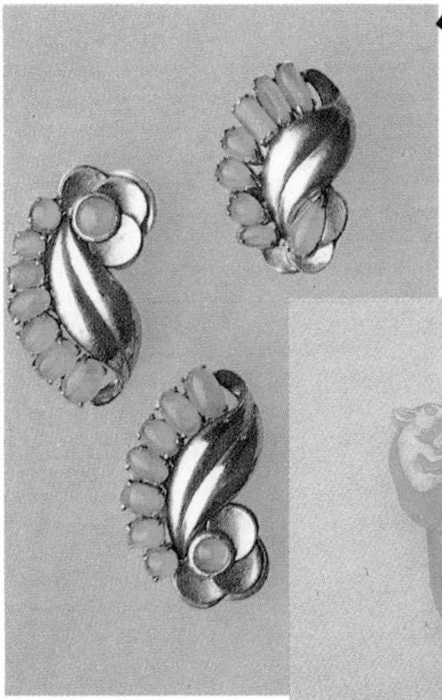

◀透明的小翠玉件，可鑲成美麗的飾物。

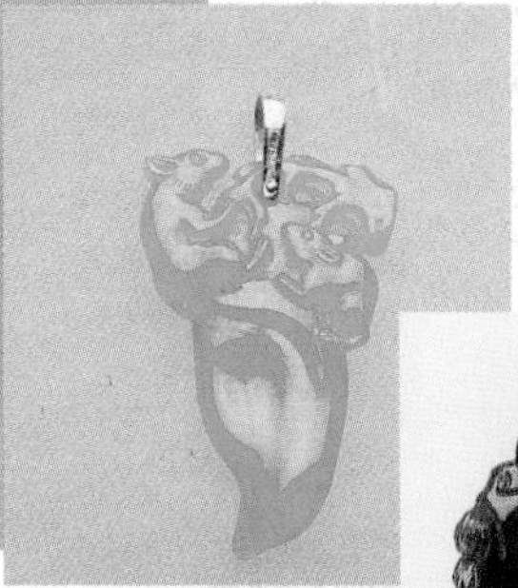

種質好而亮麗的翠玉，配上生動的雕刻，才能吸引人。

「老坑種」翠玉件「二龍爭珠」色較暗沉

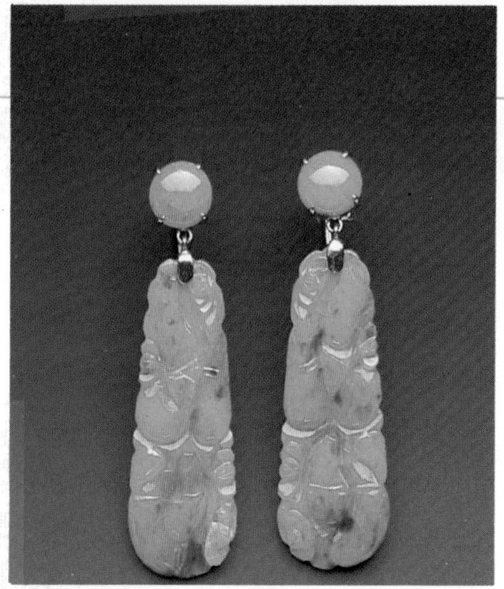

用高檔「老坑種」翠玉所鑲成的各款耳環，最上方兩對爲舊工。

「豆青」、「花青」、「油青」

翠玉當中，有半透明至不透明的貨色，像常見的「白底青」和「豆種」翠玉都是例子。

它們遠遠比不上「老坑玻璃種」和「水種」，連「蛋清種」和「鼻涕種」都不如。

比如「豆青」與「花青」，較佳的最多只能說是「半透明，難以用「晶瑩」二字形容。

豆青色的「地子」較差，但卻是輝石玉（硬玉）中最大類的一種（民間俗稱「十玉九豆」）。我們肉眼可見其粒狀結構。

如果按色澤和透明度（水頭）而言，又可以分爲「彩豆」、「糖豆」、「冰豆」、「豆底花青」等。

「花青種」則爲不規則或脈狀的青，石花呈青色，反映質地不均勻。

不過，「花青」的質地和水頭（多數平平）也分很多種，像「豆底花青」和「馬牙花青」等。若是青得來暗沈，近於藍綠，行家便會認爲不是「眞青」，情形有如「油青種」的假青，十分暗悶。

「油青」有分「鮮油青」和「瓜皮油青」等，皆爲中下檔玉。

質地較佳的「豆青」

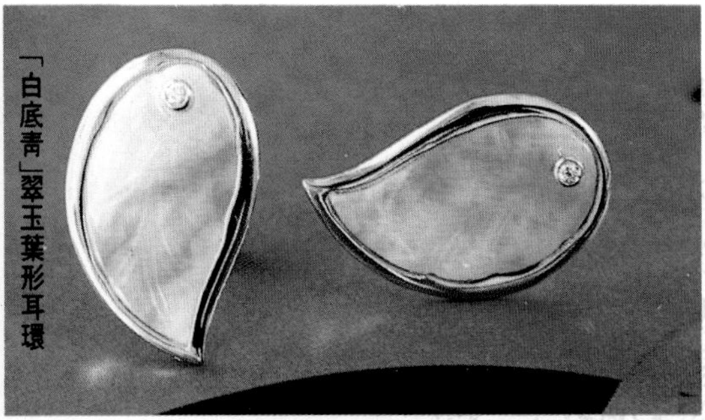
「白底青」翠玉葉形耳環

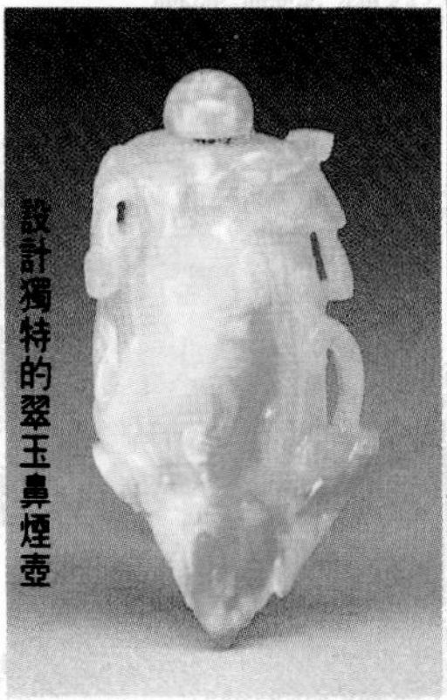
設計獨特的翠玉鼻煙壺

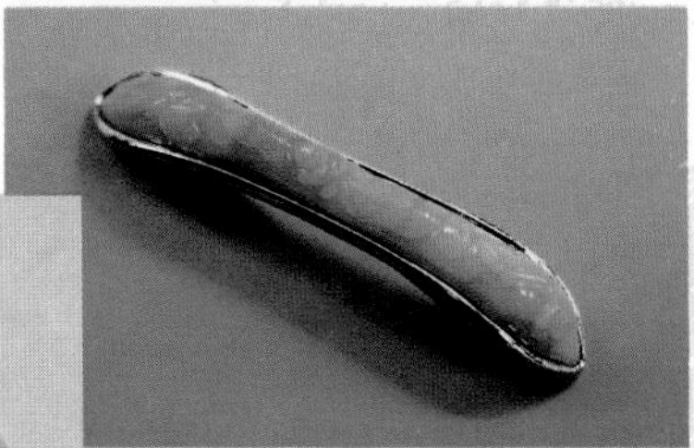
清代雕工的翠玉「髻壓」

質地較佳的「豆青」

舊工鏤刻「松鼠葡萄」翠玉雕件，工藝不錯，玉質平常。

過於暗沈帶藍色的翠玉並不好看

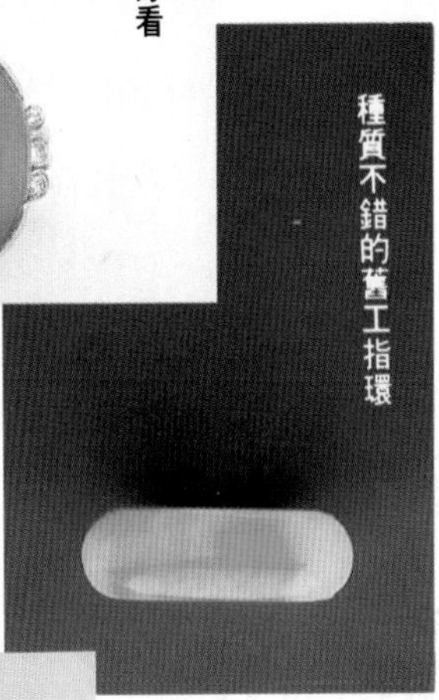

種質不錯的舊工指環

舊工翠玉件，但色澤不理想。

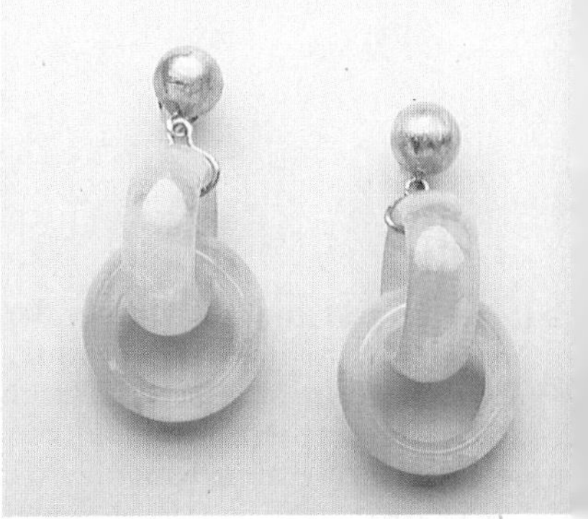

連環扣翠玉耳環一對，水分頗佳，翠色較少。

「油青種」翠玉鼻煙壺，清代製造，鑲有金線和半寶石。

坊間不保值的硬玉

現時坊間不少玉材(硬玉方面),大都是「泰蛋」(從緬甸清萊運到泰國清邁加工的次貨,其形如小卵),亦即香港坊間常見的「白底青」,玉種與青色俱差。

現時充斥市場的都是「豆青」貨和「白底青」貨,可說是廉價的硬玉裝飾品而已,根本上起不到什麼保值作用。

另有些半透明與不透明之間的次品,如「灰水地」,白中泛灰;「灰沙地」,不但灰,而且沙性較多,毫不細膩,更不值得買。

「白沙地」雖然是細白玉地,但亦含沙性,比不上「細白地」。後者光澤好些,用來作雕件,也勉強過得去,但保值就談不上了。

「冬瓜囊種」質如其名,大家可以想像一下冬瓜的囊是怎麼樣的;而且色很淡,白居多,微青帶黃,夾有奶白色斑,較低檔。

「白花地」質粗,有石花或石腦,是粗糙的白色硬玉。「瓷地」也是白色,看似瓷器,但質地死板呆滯,無甚光澤,莫說晶瑩了。

「渾水地」的透明度差,簡直似一泓濁水!

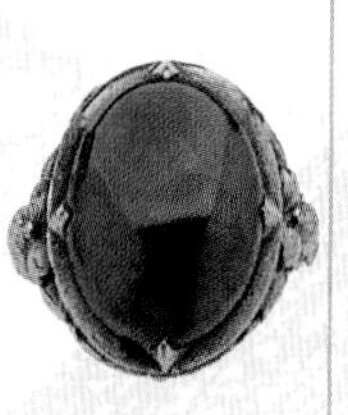

翠玉忌色澤暗沈

色澤太藍的硬玉,價值不高。

種質較差的翠玉,色澤並不鮮陽。

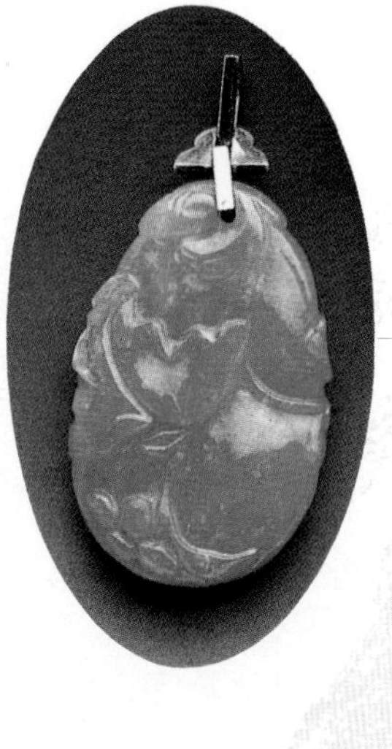

種質與色澤不佳便難以保值

「金絲種」

翠玉中，有所謂「金絲種」。這個品種的翠玉歷來爲人爭論較多；但大多數屬種質幼細、水頭長和色澤佳的高檔玉種。

大致上來說，行家有兩種叫法。其一，指翠色呈斷斷續續平行排列，是其分布的特徵。其二，指翠色鮮陽微帶白綠，但種優水足。

「金絲種」玉的綠不是一大塊的，而是由很多游絲柳絮密密組成；在光線較强的環境下，青綠中使人有金光閃閃之感，但本身並不是金色。

中國有人稱爲「絲片狀」或「絲絲綠」。它們的特色也是指綿綿延延的絲狀綠色，實實在在，像有脈絡可尋。不過，有些玉塊可能出現少許「色花」。

「絲絲綠」的翠青細如幼絲，具有明顯的方向性。翠綠色絲路順直的，是爲「順絲翠」；絲紋雜亂如麻的，或像網狀的瓜絡的，是爲「亂絲翠」。翠青的絲紋濃硬、不與「地張」相融的，稱爲「硬絲翠」；雜有黑色絲紋的，就是「黑絲翠」。

當然，以「順絲翠」最美和價值較高，「黑絲翠」根本上無收藏價值。

有些「金絲種」玉的游絲排列極密，並排而聯接成小翠片，肉眼看去不似絲狀，卻似片狀。有人叫作「絲片翠」。雖然驟看似無方向性，但用十倍放大鏡細察，仍有一定的趨向。

前幾年我到雲南，見一玉種，該地行家叫作「金綫吊葫蘆」；後來細心研究，始知其實是「金絲種」翠玉之一。特色是在一絲絲翠色下，可能有較大片的翠青；二者綿延相連，有如微型瓜藤互繫。

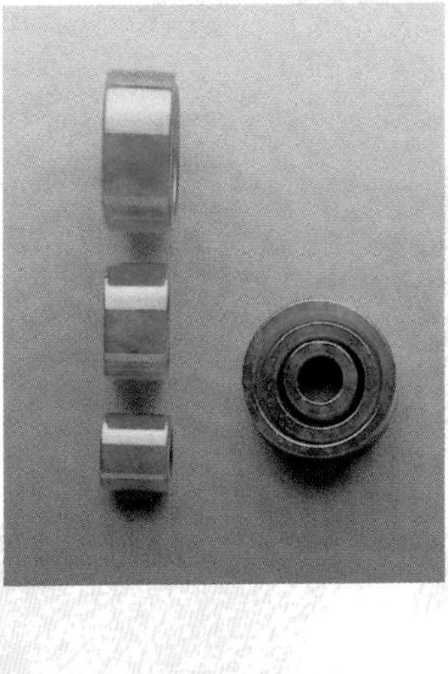

「金絲種」的翠玉小套環，設計頗爲特別。

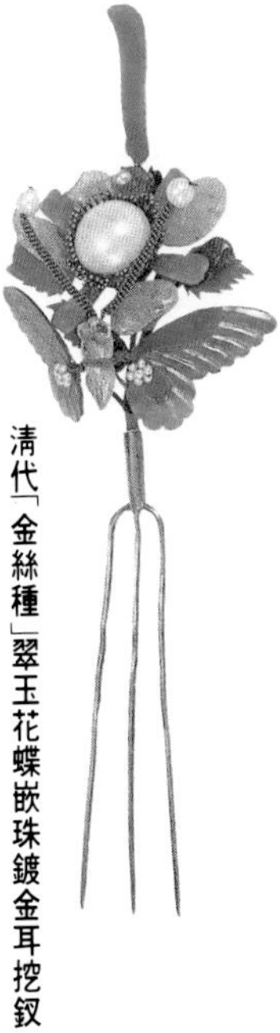

清代「金絲種」翠玉花蝶嵌珠鍍金耳挖釵

「老坑金絲種」翠玉鐲，舊工，種質、水分和色澤皆上乘，價值三百多萬港元。

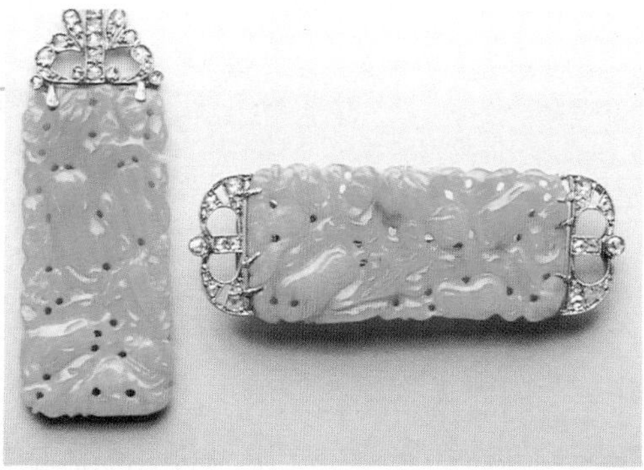

舊工翠玉胸針和鏈墜，工藝不凡。

十分特別的翡翠雕件「蠶蟲吃桑葉」，工藝精絕。

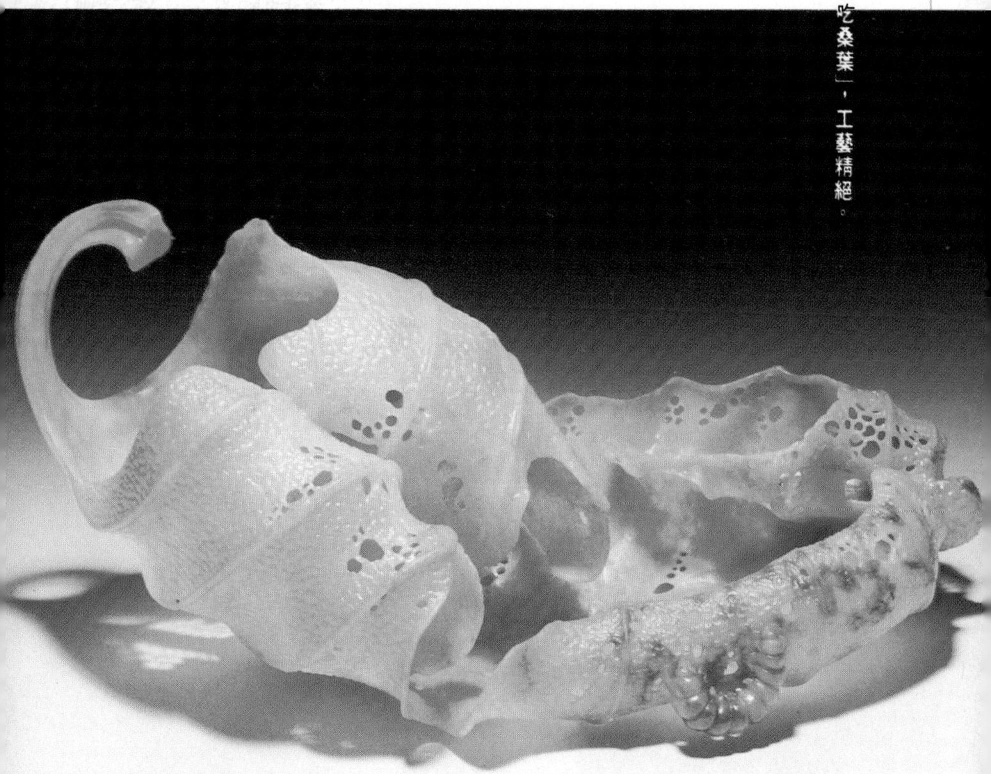

「蒼蠅屎」、「白底青」

我們買翠玉，皆注重那些翠綠色的濃陽程度與所佔範圍的多少。

本來，原石埋於深處，是沒有顏色的，由於地殼的變動和震動，帶進一些鉻、鎳、鐵等元素。它們從裂縫和空隙間乘虛而入，與無色的輝石玉產生「交代」作用，經歷久遠的年代形成翠色和翡色等等。

含鉻與鎳元素的變為青。含鐵元素較多的便成為褐紅。年代愈久愈結密幼細，水分也較足。

翡翠中有些「黑疙瘩」和「蒼蠅屎」，皆為原石的黑色部分。前者稍大，後者較小，俗稱為「癬」。

有「癬」當然影響翠色的純正和價值；但是，若原石皮殼有「癬」，又或者同時有「松花」的色粒，則表示內部可能有翠色(但不一定)。

這些複雜的翠色錯綜變化，但均具一定的形狀與規律，我們認識清楚，才有助鑑藏。

有些翠青如筋絲，但與「地子」之間不能互相照映，但水分足。

有些呈小塊、小片，或小點，頗鮮綠，但是「地子」白色而不透明，就是民間所俗稱的「白底青」或「白地青」，台灣有人叫作「綠白玉」，多作為女性的飾物，保值作用遠不及「玻璃種」。

另有些似梅花點，如「滿天星」，台灣有人稱為「一點點花」，其中一些在香港等地名為「花青」，翠青的部分較散碎，有些如脈狀，並不規則，也不是一大片。

用兩塊葉片形翠玉鑲嵌成的蝴蝶胸針

舊翠玉蓋碗，頗為通透，布滿散碎的菠菜綠。

可以變成高雅飾物的翠玉件

純度與瑕疵

購買鑽石，應注重純度和全美。愈是完美和純淨的鑽石，保值作用愈大。換而言之，珍貴的鑽石應該是完美無瑕的，是對價值起決定性作用的一個標準。

同樣道理，翡翠也要求全美和毫無瑕疵。我們只要用十倍放大鏡照看，瑕疵便無所遁形。

如果要觀察清楚翡翠內是否有暗裂或雜質，亦可在其後方置一枝筆芯電筒，亮着時便能一目了然。

縱使是「老坑玻璃種」、「水種」或「冰種」的翠玉，若有少許橫切裂紋，便大大降低價值。要全無裂紋的方為上品。

瑕疵與純度，約佔評估玉石總和的百分之三十，亦即佔價值的三分一左右。

翡翠中常見帶有白色或黑色的包裹體，而且有明顯的輪廓，大大影響翡翠本身的美觀。那是不夠純淨和質地不夠幼細緊密所致。尤其是「老坑玻璃種」，應該不含雜質，與普通的「老坑種」有別。

通常的分級如下：

（一）無瑕（FL）
（二）近無瑕（NFL）
（三）微瑕（LI_1, LI_2）
（四）小瑕（MI_1, MI_2, MI_3）
（五）中瑕（VI_1, VI_2）
（六）明瑕（HI_1, HI_2）

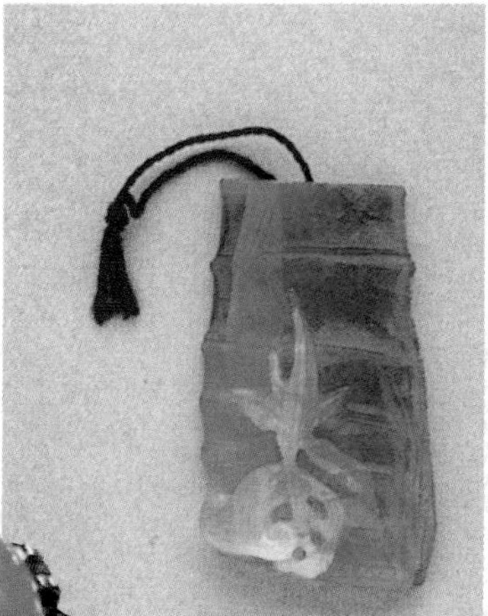

有些瑕疵的翠玉件，依然可以雕成優雅的飾物。

「老坑玻璃種」彌勒佛雕像，玉質純度甚高，並無瑕疵。

純度高的翠玉較少瑕疵

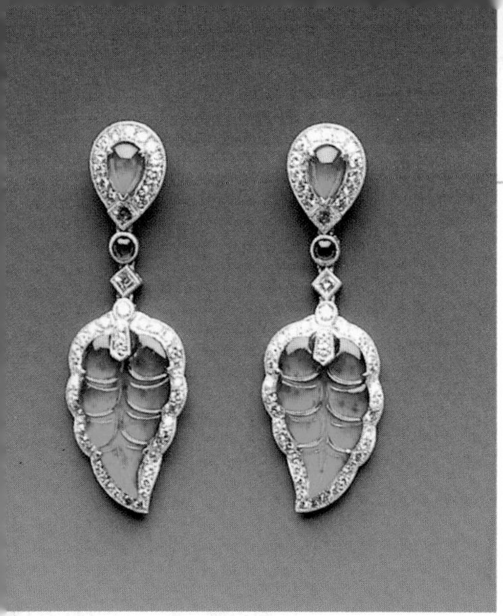

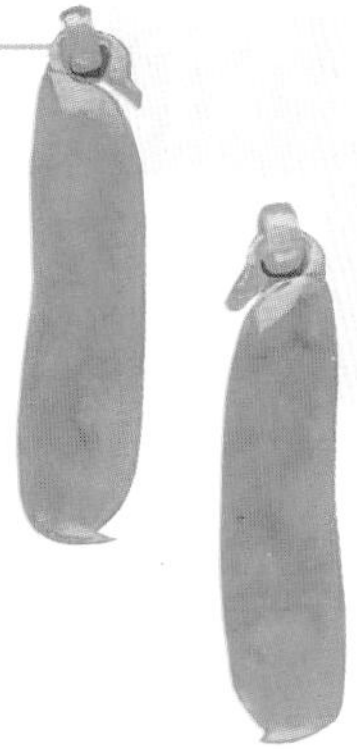

純度較高的高檔A貨翠玉耳環，款式各不同。

清代「老坑玻璃種」翠玉鏈墜「雙獅戲球」，鑽石是近代鑲上去。

玉無紋?玉有紋?

「翠玉是否一定有玉紋呢?」

這個問題一直以來都爲人所爭論。不少玉商都說:「玉無紋，天無雲。玉有紋，身有銀!」正如天上有雲一樣，玉亦必然有紋。

這種「紋」，其實是天然的「微絡」，比絲還要細，但不是人爲的，在正常情況下不會影響質地堅結細密的翠玉，除非是造底的B玉和染色的C貨，因分子結構給逼開過。

翠玉本身的分子結構特性是呈纖維狀的，故放大來看似蒼蠅翅；實際上是細微的波紋，是細小的纖維結晶。

玻璃料和塑料便沒有這些天然的紋存在，因爲其分子結構完全不同，並非纖維狀，故無「紋」。

有人以爲「完美無瑕」的翠玉便沒有玉紋。事實上不是完全沒有，而是像「老坑玻璃種」的特級翠玉，結構非常細密幼滑，以致纖維狀微乎其微，使人看來渾成一體而已!

深藏的或表面的玉紋，若一眼可以看出來，表示翠性大，質地沒有那麼細密和上乘。

「老坑種」翠玉件上的「紋」應該天然渾成

舊工翠玉耳環，色調濃陽。

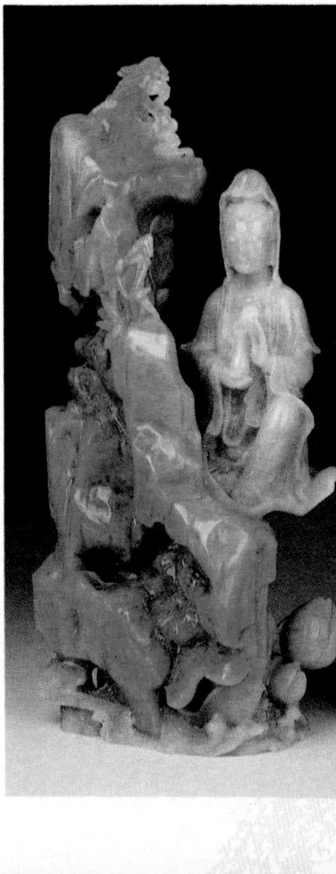

翠玉觀音雕像，舊工。

清代三層翠玉文具盒，高二十七厘米，底層爲筆洗，中層爲筆筒，上層爲筆架，雕有很多龍紋，工藝精絕，設計非凡。

「石花」、「翠花」、「綹裂」

我們選購翠玉時，要特別留心有沒有「石花」、「翠花」和「綹裂」，應備十倍的放大鏡照看清楚。

什麼是「石花」呢？就是在「次」與「劣」的翡翠內，有團塊狀的白花，這些白花其實是無色的。

有石花的玉種質不會好到哪兒去，種質高的翠玉皆無石花。

有石花表示顆粒（結構分子）粗，「組成礦物」分布不均勻，種質不夠細膩。

由於形態不同，石花中又分石腦、石蘿蔔花、棉花與蘆花等。

亦有所謂「翠花」，亦即前文所說的「翠性」。有色爲翠花，無色爲石花。翡翠中有些比較大的礦物顆粒是會閃光的，這是翡翠的特色，只有翡翠這種硬玉才能如此。一些冒充翠玉的「料」、玻璃纖維、環氧樹脂、水晶膠則無翠性。

翠花愈細小和稀少的翠玉，種質愈好。不過，翠花只可作爲識別次等翠玉的方法之一，「玻璃種」和「水種」等高檔貨色，並無翠花，只看玉種和水頭便可區別。

什麼是「綹裂」呢？指微微的裂痕，是質素不好和有瑕疵的顯現，像「十字裂」、「碎裂」、「夾皮裂」、「立裂」、「片裂」、「橫裂」與無色的「通天裂」，皆由「應力」所造成。購買者應不厭其煩，反覆察看清楚。

設計特別的翠玉胸針

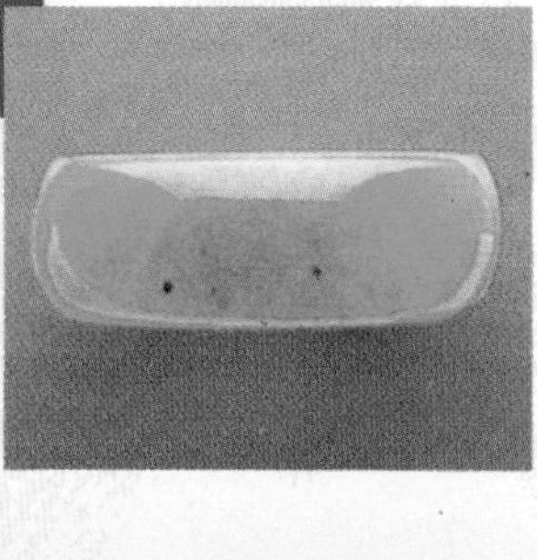

應用放大鏡看清楚有沒有小黑點

用色澤相同和水頭一樣的「玻璃種」翠玉小件設計成的高貴胸針。

翠玉鐲要色澤濃陽、種質好、沒有綹裂爲佳。

翠玉的厚薄

購買翠玉，如果種質好水頭長的話，當然是厚優於薄。可是，有些藏家說：「過厚的翠玉，透明度又沒有那麼好。」

玉鐲和蛋面戒指的厚度一定要足夠，皆不能太薄；作爲頭胸間吊飾的翠玉牌亦同樣道理。翠玉牌薄則易裂，也影響翠色的濃度。

即使是擺件或花件，緬甸翠玉也要夠厚度和夠濃綠才高貴好看，與印度痕都斯坦玉器的注重薄不同。後者往往雕琢至內壁可看見外壁上的浮雕花紋。

清代乾隆皇雖喜其玉的薄工，稱爲「仙工」和「鬼工」，但是這一欣賞角度不能施諸翠玉。

行內人士都曉得：翠玉的厚與薄，足以影響色澤，而且與水頭（透明度）有密切的關係，我們購藏時必須特別留意。

質地不同的翠玉，若厚度有別，其透明度便會產生變化。厚的翠玉使人看來深濃一些；但是，如果本身的水頭不足，厚也有「壞處」，就是即使有不少翠綠色，也顯得暗沈。

像「油青種」和「馬雅種」的翠玉，稍厚也會暗沈木實而不鮮陽，使人覺色「悶」。

高檔的「老坑玻璃種」因爲地好水足，翠玉色勻正和細滑柔潤，故厚也不會影響透明度與色調，反而更晶瑩。

透明度好的翠玉過薄，翠色必然顯得淺淡；若水頭足而翠色本來淡一些，大可以利用厚度使它顯得濃艷些。

若水頭短，不大通透，則切割時宜薄不宜厚，只宜鑲嵌成胸針和項鏈，尚可藏拙。

我們購買時應注意，過薄的翠玉必然是有色缺水，透明度不足，或屬「隨綠絡」。至於蓄意造成過厚的，多數是有水少色，翠色淡而不夠。

較厚的翠玉難得翠色濃陽均勻

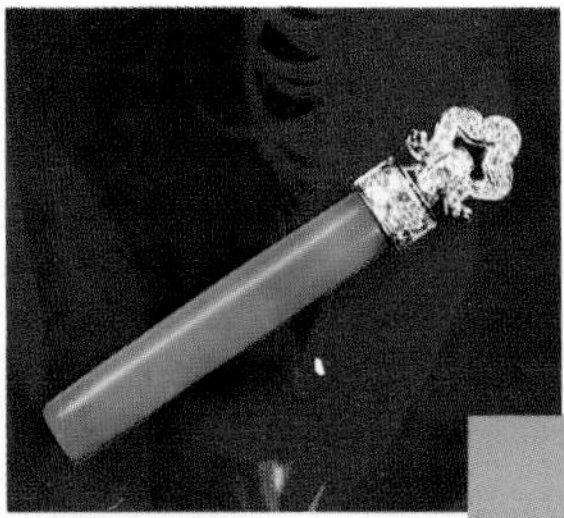
用舊翠玉造成的飾物

大而厚的蛋面「玻璃種」翠玉，難得這麼通透。

帶翠色的紫羅蘭玉鐲

「老坑種」翠玉難得厚而大片，色澤同樣濃陽勻正。

光面與花件

　從保值的角度而言，同樣是「老坑玻璃種」或「水種」的翠玉，我們寧願購入厚度足夠而又晶瑩通透的光面翠玉，也不買表面上看來種質相同的浮雕花件。

　為什麼呢？「有雕工的花件不是更好看嗎？」「至少有『工藝』可觀賞啊！」

　以高檔翠玉作為保值或眞正愛純淨翠玉的收藏家，是從玉石本身俱足的晶瑩與優美種質上去欣賞。上等「玻璃種」的熒光、水頭、鮮陽濃勻的翠色，已足以作為欣賞的對象和焦點，再毋需假諸外求，要倚靠雕工去裝點。

　雖然翠玉的大光面戒指、塔珠、玉牌和手鐲等也講求一流的切工、打磨、索蠟和出水（抛光）功夫，但光面本身是不假雕飾的。有如清麗的美人，不必靠裝扮也可以顯出她的自然美。

　翠色難得大塊的都鮮陽濃勻正。換句話說，一隻戒指的蛋面或鞍面、一條項鏈的塔珠、一對手鐲的圍圈，或一個鏈墜的杏心或壽桃，都難得全美、無瑕疵與雜質。

　平滑的光面往往更顯翠玉的氣質、深邃、清雅與通靈。誰捨得剔去其「完美」。這樣做好比「畫蛇添足」，可說是矯揉造作！

　所以，向來「老坑玻璃種」以大光面的翠玉更為保值，不是無因。

　那麼，為什麼現今又有些花件，種質也很高檔的，卻要浮雕一些花鳥人物等紋飾呢？是否為求「薄意」一番？其實，大多數都是因為表面上有少許瑕疵、雜質或白地、黃地，才給雕工很技巧地雕去！

設計典雅的翠玉鑽石胸針

以「老坑種」翠玉雕成仙女造型，鑲作胸針。

「老坑種」翠玉胸針，舊工。

紫羅蘭翠玉鐲一對，水分充足、種好、色彩亮麗。

你買的翠玉是幾分水？

我們購買翠玉，常聽一些前輩說「五分水」、「六分水」、「八分水」、「十分水」，究竟是何所指呢？

如所週知，翠玉的「水」，是指「水頭」、「水分」。水頭長，是透明度高，顯得晶瑩，像「老坑玻璃種」，亮麗深透，可以見底，有如透過一厘米厚的玻璃，也可以看清楚壓着的圖紋或文字。這是水分足，色勻質幼之故。

水頭短就是不透明，像一些「新坑」或「新山仔」便是典例。

通常「一分」，是指一公分，亦即一厘米（cm）。「十分水」是指光線能穿透翠玉綠色部分大約有十公分，餘此類推。

換句話說，就是指光線在翠玉中所能夠穿透的能力與深度，亦即指翠玉的透明程度。當然，透明度愈高愈好，但也同時要視乎色的多寡、濃淡、鮮暗的程度論值。

有些翠玉有幾分水，但是色差，價錢就低。有些色不錯，但是水差，也難以叫得起價。因此水和色要五相配合，但必須質地好才會二者均佳。

「老坑種」的水頭長，「新山仔」的水頭短。這個「種」字，除了指水足，還指綠色夠鮮濃。新山仔因年分所限，「種」不好，非但不透明，而且綠色甚嫩。故我們選購上等翠玉，一定要着重「水」，最好看起來有「淚盈滿眶」或「水汪汪」的感覺。

◀翠色鮮陽但不濃，水分十分充足。

「老坑玻璃種」翠玉件，雕有荷葉小鴨紋飾。

「老坑玻璃種」翠玉指環，晶瑩通透。

各款「老坑玻璃種」翠玉指環，水頭特長，皆爲A貨。

「地」與「色」要融和

喜歡收藏和購買翠玉的人士，都會聽過「地」或「地張」的民間俗稱，這是指質地、「地子」或「底子」，除了皮殼的風化層，都可以稱爲「地」。而除了綠色的玉身，綠色部分俗稱爲「色」或「青」。

「老坑玻璃種」的質地最好，可說是「玻璃地」加純陽勻正濃的翠青之結合體。

高檔和「好青」的翠玉必有好的「地子」；不過，好「地」不一定有好「青」，好「青」也不一定有好「地」。二者要互相結合，亦即濃勻正陽的翠綠與周圍的「地子」相滲透，「地」和「青」渾然一體，不分彼此，這樣必然水頭足，晶瑩通透。

我們常見有些硬玉，綠的部分呈大片，可是因爲質地差，水頭短，所以看起來「木」、「實」而暗沈，甚至偏藍。

這是有「色」而缺質地，故不大保值。有些綠起來過於「强硬」，以致明顯的一塊塊，難與周圍水分較佳的「地子」相融和，看去像不自然的綠色絲狀或硬塊。這種「地」與「色」太「對立」的翠玉欠缺柔和、晶瑩、深邃與靈氣，不能算是一級翠玉。

有些「狗屎地」的翠玉，外層「地子」含鐵量高，受氧化而使「地子」變狗屎色，但裏面也可能含濃綠，因含鉻量高。

我們不能因爲它們有濃綠而認爲上品，因爲「地」的色調和水頭差。保值翠玉的「地」、「色」與水頭必須互相配合。

地與色融和的「老坑種」翠玉鑲成的蝴蝶胸針

「老坑種」翠玉觀音

罕有翠玉連體蓋瓶，種質甚佳，雕有螭龍和火龍珠，工藝精絕無比，高二十一點六厘米。

什麼叫做「照映」?

民間人士有不少俗語皆與翠玉有關，比如「照映」，就是其中之一。

什麼叫做「照映」呢？那是指翠色和「地子」(質地)之間互相印染的一種關係。

假如翠玉件的質地照映程度好，就會使綠色顯得柔和，使周圍的「地」色也照映得綠起來，以致顯得均勻、潤滑和融和。

好的照映必然是「色」與「地」互相滲透似的，在視覺上增加了綠色的範圍。像「玻璃種」，往往能夠達到這個程度。

不過，有些翠玉的翠青顯得「强硬」、「硬朗」，不能與「地」互相滲透，以致綠色並不勻潤柔和；雖然很鮮陽，但「色」與「地」顯得截然分開，不能和諧一致。

一般行內人士皆認爲照映和晶瑩的爲「靈」；不照映、不通透的爲「死」。

像「白底青」，因爲「地」不透明，呈白色，使翠色不能與「地」融和，二者格格不入，以致照映差。

一些「金絲種」雖然水分甚足，「地」很純淨透明，但因翠色濃硬而影響了照映程度。

「玻璃種」翠玉耳環，以晶瑩爲「靈」。

「照映」程度極佳的「老坑玻璃種」，價值甚高。

「老坑玻璃種」翠玉指環(A貨)

紫羅蘭玉香爐，舊工，少見。

「老坑種」翠玉胸針

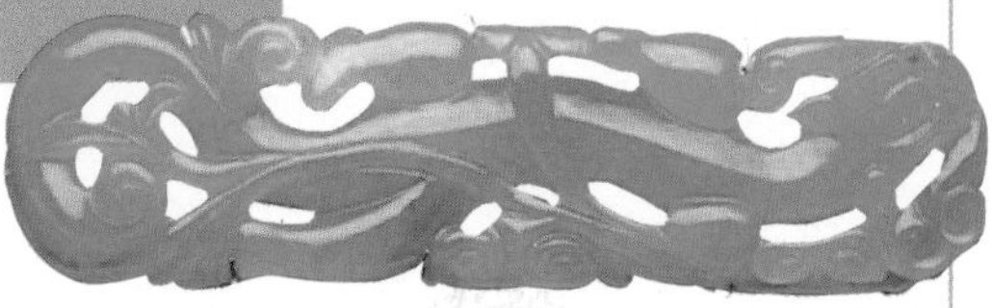

「老坑種」翠玉胸針，設計特別，少見。

翡翠的色層

讀友問及翡翠是否只是翡紅與翠綠二色。其實我早在《保值翠玉》的專著中指出，翡翠除了綠和紅之外，還有紫、白、灰、黃、黑等色，濃淡不同，色層各異。

有時一隻翡翠鈪中，便包含四五種色調。只不過民間以鮮陽濃勻的翠綠色爲珍貴，淡綠或藍綠較次。光澤方面從玻璃的上品至油脂的下品皆有。

翡翠的斷口爲參差狀，冒充的「料」器便沒有這個特色。在紫外線的長波照射下，翡翠皆有淺色至亮白色的熒光；短波照射下則無熒光；但紫羅蘭玉和黃玉在X射線照射下有強烈的藍色熒光。

翡玉近石皮，含鉻，故它的分析光譜有明顯的吸收線。

另一位「翠玉迷」問「春」與「癬」指什麼。「春」，就是指紫色，北方有人叫「紫翠」，南方多稱爲「紫羅蘭玉」。

「癬」，是指翡翠中的黑色部分，與「邪色」不同。「邪色」多指帶有雜色、人工染色和色澤昏暗而言，與純正鮮艷剛剛相反。

「俏」則指鮮綠起來美且艷。台灣人喜歡稱上等的翠玉「亮麗」，指透明度高，甚至發亮有熒光，色澤鮮陽艷麗。

翡翠的色有所謂「聚」與「散」，色濃而強稱爲「聚」，色淡而弱爲之「散」；前者予人「硬」的感覺，後者則「鬆軟」。好的翠玉顏色密集起來要均勻融渾成一體。

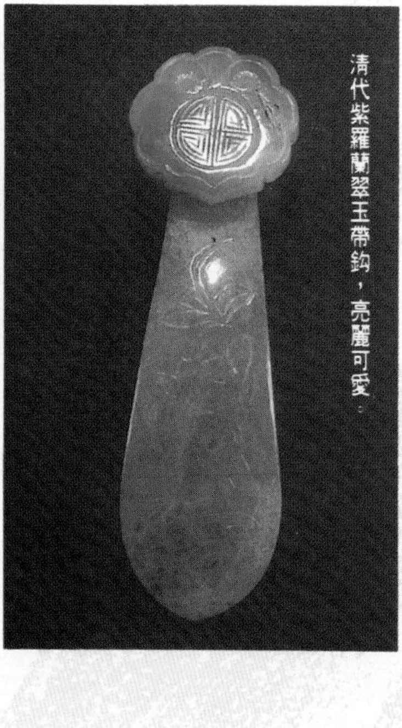
清代紫羅蘭翠玉帶鈎，亮麗可愛。

舊翡翠瓶，色彩繽紛，形制特別。

清代翡翠雕像「鍾馗捉鬼」，高十八厘米，罕見。

福祿壽三色翡翠雕件，題爲「大魚大利」，意頭甚佳，雕工一流。

燈光顏色影響色調

一位朋友前些時買得幾件舊翠玉，後來發覺好像有些不對勁，翠色偏藍，沒有在玉商處所見的那麼翠綠鮮艷，而且水頭也沒有那麼好，不知道原因爲何。

初時朋友懷疑是造底的B玉或染色的C貨，便拿給我替他鑑別一下。其實那幾件舊翠玉都是沒有經人工處理過的，只不過色澤較次，是含藍味較重的那一種，並非鮮陽勻正的那種翠綠，不是蘋果綠；而且玉質的透明度並非那麼理想，只是介乎半透明與不透明之間。但爲什麼朋友購買時又覺得翠綠得來很不錯，而且透明度亦不差呢？

主要原因是他購買時受現場的燈光所影響。可能賣家知道那幾件舊翠玉偏藍和水頭不大好，於是故意放在帶黃的燈光或石英燈下照。偏藍的色調加偏黃的燈光，在色彩學上而言便等於混和成綠色，也顯得特別亮麗。

這可說是一種錯覺，亦可說是「燈光把戲」造成的效果。等於水果攤子賣切開的西瓜和紅蘋果，會用一張紅色玻璃紙罩着燈泡。

故買翠玉最好在晴朗的天氣，上午有天然陽光的時候，不要只在紫外燈或黃的燈泡下看，應在溫和的天然陽光（不宜正午過於猛烈的陽光）下照清楚。燈光足以改變翠玉的本來眞正色調。

有些帶黃氣重的翠玉，若放在帶藍的燈光下，亦會變鮮綠和亮麗些。

色不足或過淡的翠玉，即使夠厚，在陽光下亦會顯出其淺淡色；如果是「玻璃種」，其眞正鮮艷通透的顏色在陽光下反而一覽無遺。

▶燈光和地色亦足以影響「玻璃種」翠玉蛋面指環的色調

在適當燈光下，更顯出「玻璃種」翠玉指環的亮麗。

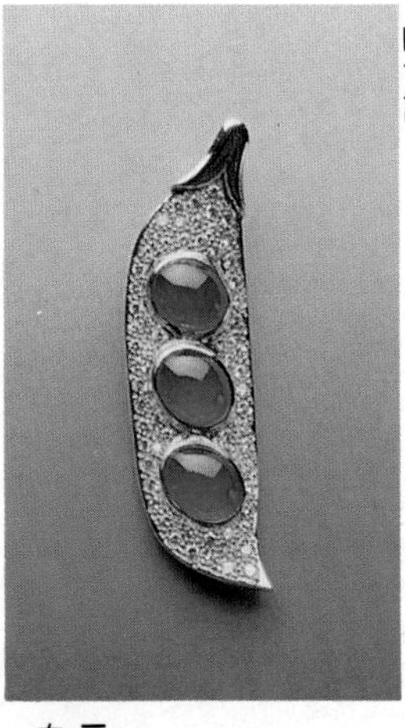

豆筴形翠玉鑽石鏈墜，在燈光下特別閃亮。

「老坑種」翠玉鏈墜，色調上乘。

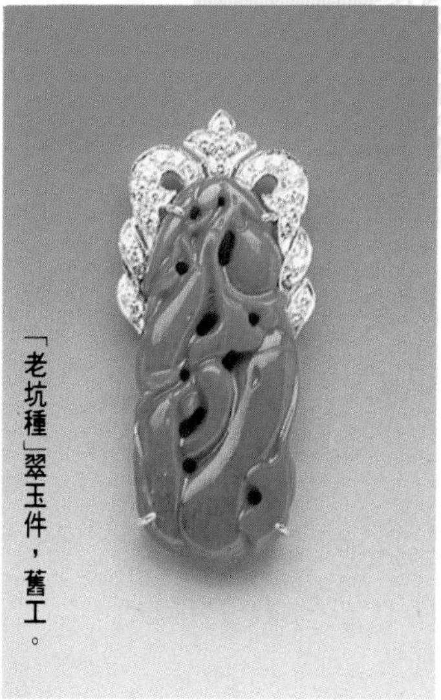

「老坑種」翠玉件，舊工。

「老坑玻璃種」翠玉件，雕有螳螂紋飾，舊工，較少見。

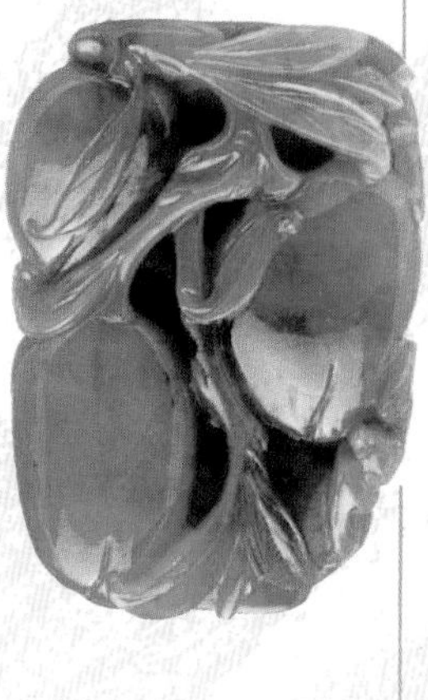

「老坑種」翠玉雕件，以壽桃爲紋飾。

「滿綠」與「膏藥綠」

翠玉若屬眞色，而非染色或「熗綠」，當然是以均勻濃陽的「滿綠」爲佳，愈純正便愈保值，其種質必幼細。

中國和台灣有人稱「滿綠」爲「滿個子」，亦即全件玉濃綠起來十分均勻。比如我們看見大拍賣行一些珍貴塔珠翠玉鏈和蛋面戒指，便是全件通透濃綠，天然色澤一致。

凡「滿綠」的高檔翠玉，「地張」就是均勻的翠綠色，並無濃淡之變化，也沒有明顯的方向性或趨向，而且全件夠厚綠，不是上濃下淡或上淡下濃。這類「玻璃種」水頭長，最難得。

不過大家購買翠玉時要注意，有一種所謂「假滿綠」，除了用人工貼片的，也有天然的。

民間俗稱「仙人鉈」，我們廣東人叫作「膏藥綠」，亦即北方人所稱的「串皮綠」或「靠皮綠」，是指綠色雖天然，但分布的範圍僅限於表面薄薄的一層，下方大多數皆乏翠色，故易造成假象，以爲是「滿綠」。這其實是「隨綠綹」裂開後的結果，是因次生硬玉中間裂開，而裂開的部位表層剛好是綠色而已，可能綠色的部分僅薄如紙張，像是一片膏藥。

「老坑玻璃種」翠玉指環，色調濃勻（滿綠）。

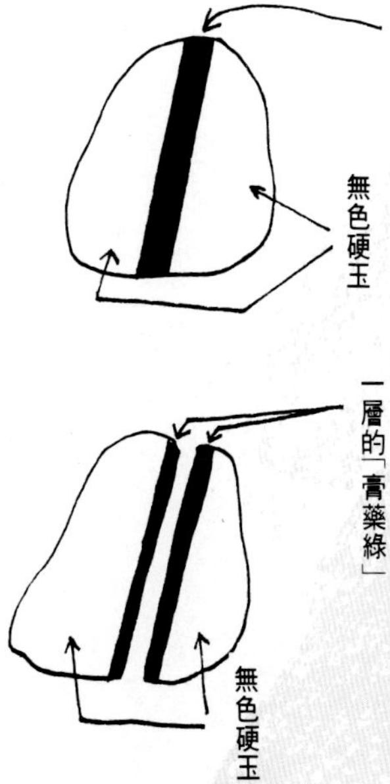

「老坑玻璃種」鑽石翠玉胸針，六厘米長，翠玉上雕有螳螂和甲蟲。

舊工「老坑玻璃種」翠玉件，翠色均勻鮮濃（滿綠）。

「綠隨黑走」

翠玉有所謂「活黑」與「死黑」之分。什麼是「活黑」？怎樣才算「死黑」呢？

首先我們要明瞭翠玉的「黑」是什麼。「黑」與「青」在翠玉中可說是共存的一種現象，對翠玉有研究與具經驗的人士都知道它們之間關係密切，故論到翠玉的質與色，便必須談及黑。

黑色以各種形狀存在，而且分布無定規，存在與否無定則。黑可以是帶狀，可以是絲狀，也可以是點狀（俗稱爲「蒼蠅屎」）。

中國民間人士有兩句俗語，其一爲「黑靠綠生」，其二爲「綠隨黑走」。

翠玉原石有黑點、黑帶或黑絲出現的，大多數會有翠青。通常買石貨者見「水口」有黑色存在，便表示這塊石有「青」。

因此，有黑色也並非不好，但一定要只存在於原石的表層；如果內部翠青四周也有黑色就不好了。

「老坑種」有翠青的原石則較易出現黑點或黑絲。因爲水頭長，故易看見，除非本身濃綠，把很小的「蒼蠅屎」掩蓋，便要放大好幾倍才能發現。

「新山仔」（新坑）也有黑絲或黑點，但因爲質地本身不透明，而且不大保值，只作爲裝飾品，故黑對它們的價值影響不大。

「老坑」翠玉的「玻璃種」有濃陽的綠，但就沒有黑存在；故反過來說，有「青」卻未必有黑。

所謂「活黑」，就是「假黑」，只存在於表層，可以透出濃綠色；但「死黑」則存在於內部，是眞正的黑色，永不能變綠，俗稱爲「眞癬」，稍大的叫「黑疙瘩」，這類翠玉便不宜買了。

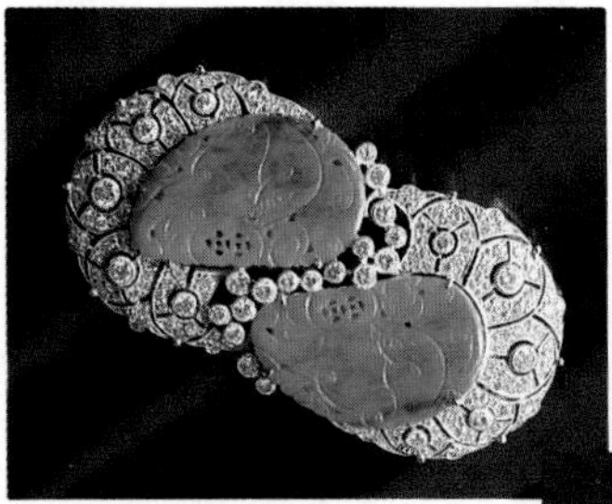

利用舊翠玉件鑲成的華麗珠寶飾物

經過名師設計，配襯鑽石的「老坑玻璃種」翠玉，高檔玉種。

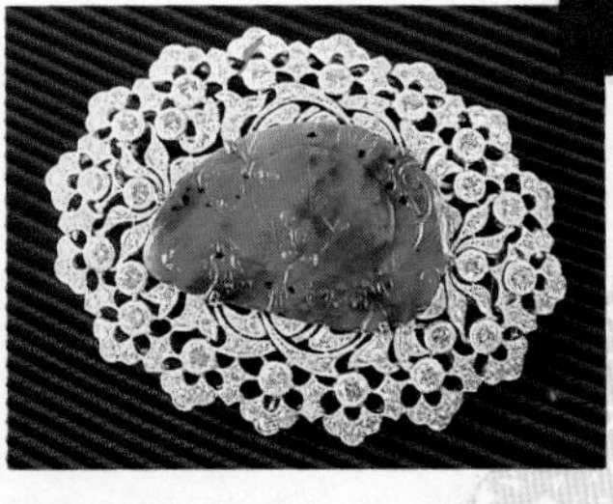

「福在眼前」翠玉件，爲舊雕工

「老坑玻璃種」翠玉塔珠鏈、耳環和蛋面指環，皆爲珍罕的保值飾物。

翡翠忌強酸和高溫

我曾提醒佩帶和收藏翠玉的人士，小心勿碰撞或跌下翠玉件，有時表面上看似無損，實際上可能經過碰撞，內部的分子結構多少已受破壞，而生暗裂。

翠玉除了忌汗油之外，其實也很忌油煙油膩。如果是保值的高檔貨，不宜佩帶着進廚房煮食。

翠玉亦不適合接近高溫和爐火，更不可久曬。因為長期如此，容易產生物理變化而光澤漸失，沒有那麼鮮陽。

翠玉也不可接觸強酸溶液，諸如硫酸(鏹水)、硝酸、鹽酸等，會破壞顆粒結構和色澤。

如果我們乘搭飛機，由高溫的熱帶地區飛到冰寒的北方，身上佩帶的翠玉也多少受熱脹冷縮所影響。同理，由冰冷的北方飛到熱帶地區亦然。太大的溫差與壓力足以使顆粒結構產生變化(如微裂)，只是我們用肉眼難以察覺。翠玉雖為硬玉，其實也怕冰天雪地的嚴寒。

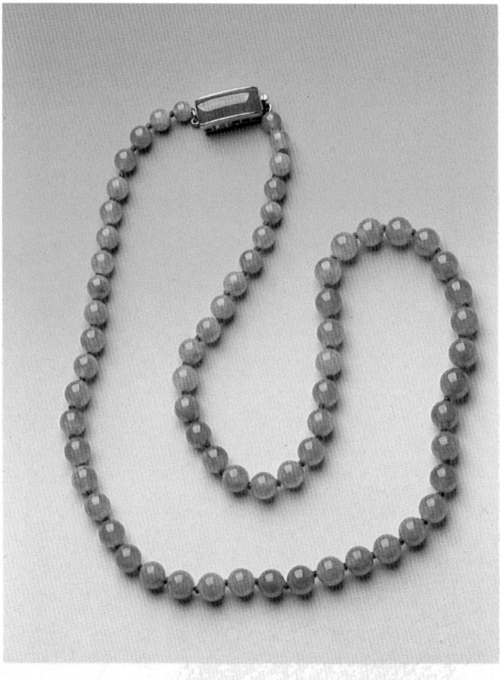

「玻璃種」更忌強酸侵蝕

「老坑種」翠玉鏈墜，舊工。

「老坑種」翠玉雕件，舊工。

「老坑種」翠玉舊雕刻件，鑲作首飾。

晚清「老坑種」翠玉雕件，鑲作鏈墜。

「老坑種」翠玉雕件，可鑲作耳環，舊工。

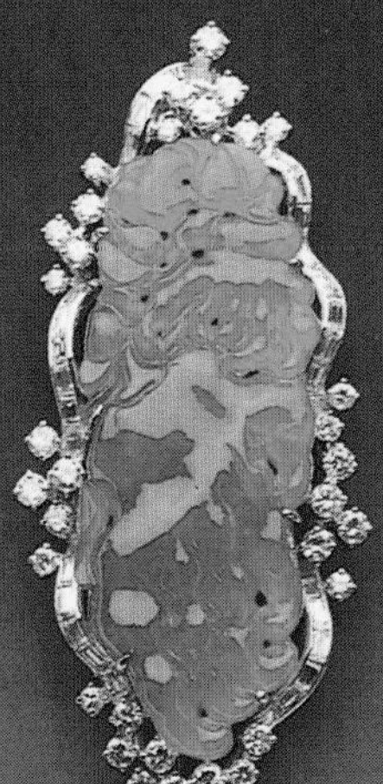

「老坑玻璃種」翠玉佛手紋飾，鑲作首飾。

「老坑玻璃種」翠玉鏈墜，雕有松鼠和青蛙。

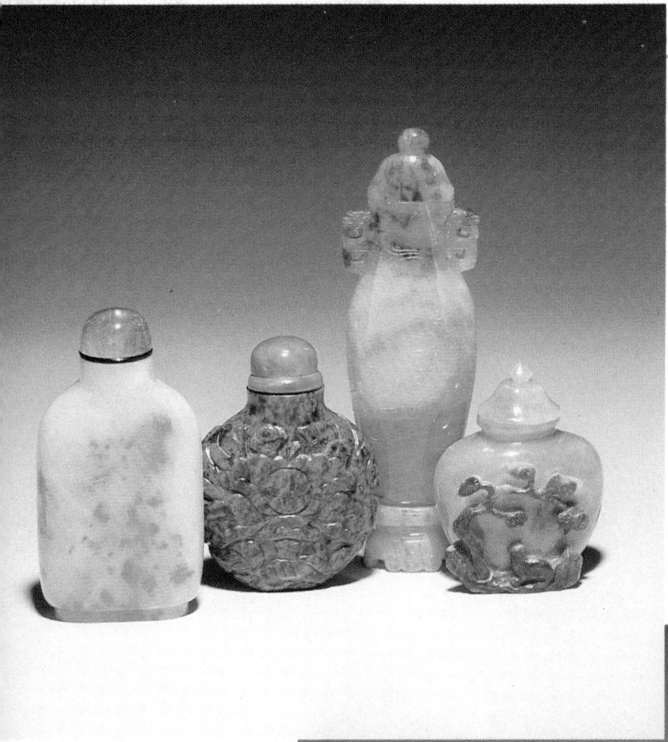

清代翡翠鼻煙壺和高身瓶

清代翡翠筆洗、鼻煙壺和小花瓶

清代「金步搖」髮簪，鑲有低檔翠玉和一些質素參差的半寶石，但不失爲少見的舊物。

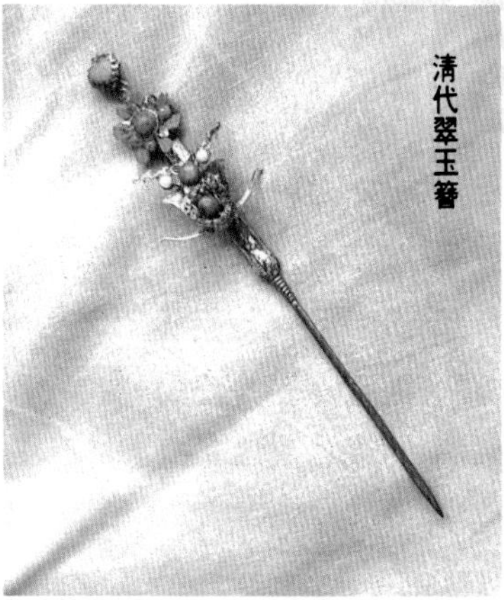

清代翠玉簪

清代鑲翠玉珠髻壓，翠玉珠的種質平平，但髻壓形制罕見。

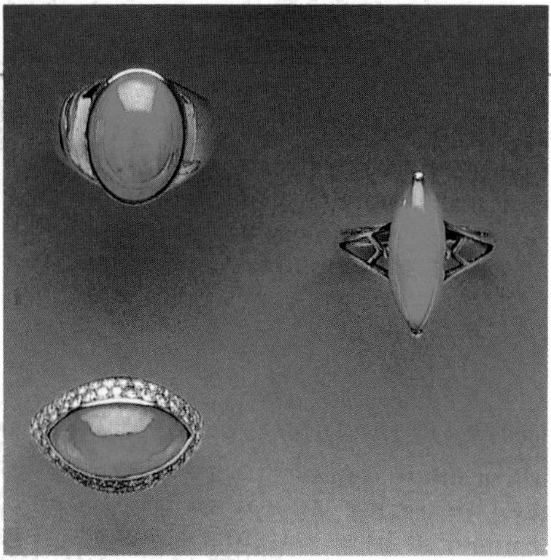

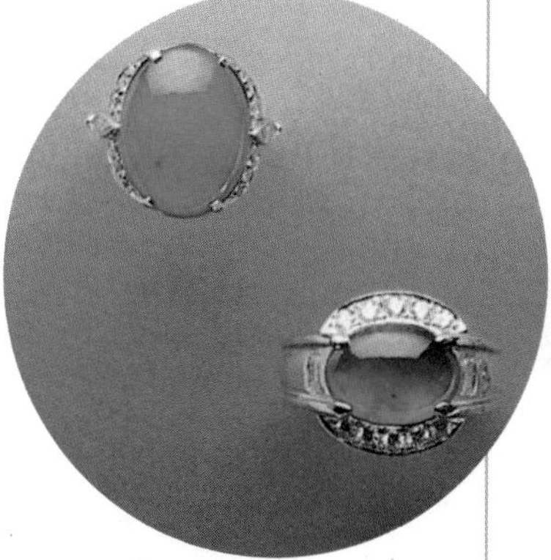

不同形狀和款式的「老坑種」翠玉指環

翡翠石貨的鑑別

山石與水石

翡翠原石有「老坑」、「半老坑」（「新老種」）與「新坑」之分，是根據原石蘊藏的日子而分類。愈久愈老愈佳，過嫩的「種頭」與質地皆較差，像俗稱「新山仔」的「新坑玉」便較鬆軟，硬度不夠，水頭也短。

「半老坑」則介乎二者之間。事實上這名詞不應存在，因爲不過是較後期的「老坑玉」，或較遠些年代的「新坑玉」而已。

很多時候，我們只分「老坑」和「新坑」，即老產與新產。「新山仔」多數沒有風化層外皮的石料，屬於原生翡翠。

「老坑玉」的原石有風化層，屬次生翡翠。通常又分爲三種：

㈠山石——皮殼厚的「老坑種」；

㈡半山石——皮殼薄些的「老坑種」；

㈢水石——無沙狀皮殼的「老坑種」。

前二者由於外皮經風化和侵蝕形成，以及外部地質環境與內部不同，故翠玉本身變化多，皮色與內部質素均互異。

皮殼就是翡翠原石的風化層，能夠反映原石的內部本質的。

晚清紫羅蘭玉獸，據說有護宅作用。

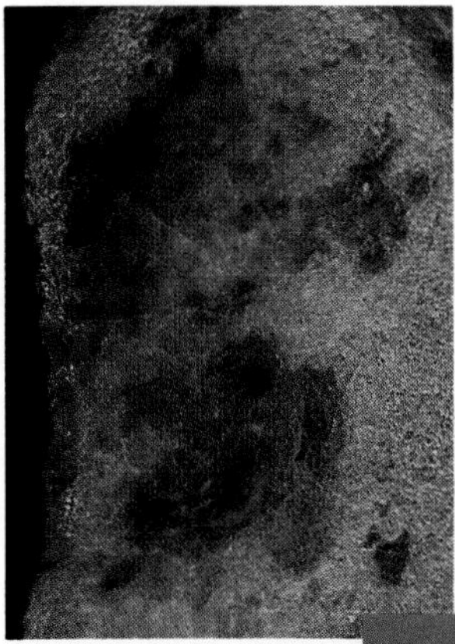

石貨中所含的翠玉

原爲水石的翠玉，製成指環特別亮麗。

翠玉三足獸環帶蓋香爐，高二十五點四厘米，曾爲克理夫蘭博物館藏品，後來在蘇富比拍賣。

「寧買一條線」與「隨綠綹」

以前，買賣翠玉的老行尊有一句俗語：「寧買一條線，不買一大片。」

這句話是什麼意思呢？「線」與「片」，皆指翠玉中的翠色。

有些原石，從一指寬的「水口」（坑）表面看，「色根」只見一條「線」，但是裏面可能發展成爲較寬的脈狀帶，或像「金線吊葫蘆」那樣有一大塊的「翠青」蘊藏。

有時連「水口」也沒有，只能潑濕玉皮打燈看，也可能隱約看見一條色線。

很多時候，「水口」部位顯示的翠綠色雖然一大片，看似多「青」，其實只是靠近表面的薄薄一層有一片青，而裏面再沒有翠綠色，故可說「金玉其外，敗絮其中」。切勿以爲表面一層多「青」，石內便全部是「青」。換言之，購翠玉璞石不可只信外在。

有些翠青像一條帶子般伸延至石內，但是，凡「翠青」的部位必易開裂，因爲質地較爲脆弱，因此行內人士有所謂「隨綠綹」之名稱。

綹，是指翡翠的裂痕或裂紋，有些是天然形成，有些是人爲的。

「隨綠綹」就是裂的部分剛好是「翠青」存在的位置，亦即沿着「翠青」的延伸部分而開裂。

本來翠色的部位是在石中呈帶子狀，當帶子的翠青開裂後，石便一分爲二，形成兩邊石的表面皆有一層薄薄的翠色；可是，除了這薄如紙張的部位有「青」之外，其餘皆無「青」，這就形成我們所稱的「膏藥綠」翠玉。

玉所含的「青」薄而不厚，就不大值錢了。

清代翠玉對瓶（高二十三厘米）

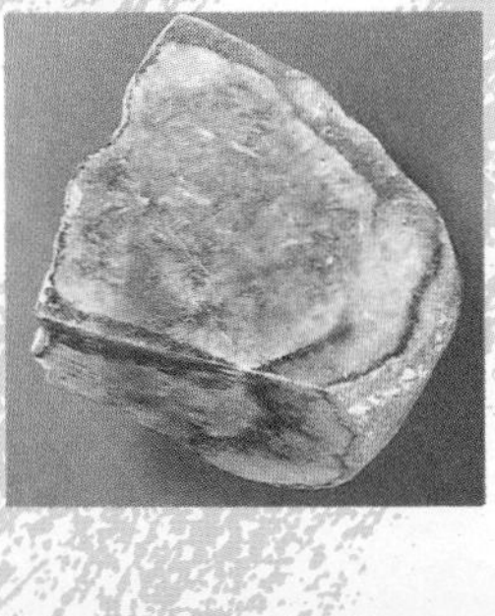

石貨切開後可見青

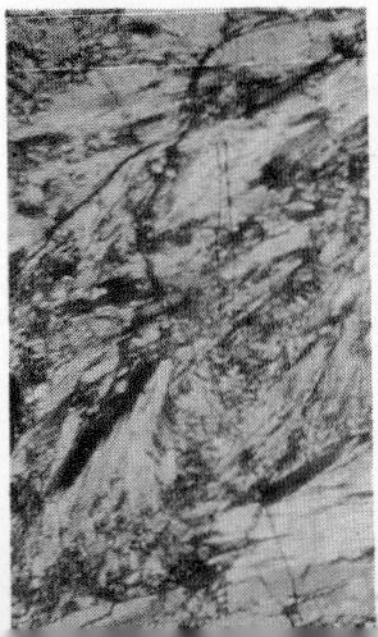

硬玉放大後所呈現的條紋結構

十分珍罕的翡翠孔雀一對（高三十八厘米），工藝卓絕，曾在香港太古佳士得拍賣。

什麼是「爆青」？什麼是「色根」？

以前有些人買翠玉，並非買現成的飾物或花件，而是買原石，稱爲「石貨」。

有人名爲「博石」，意思是要「博一博」，像賭博般賭賭原石裏面有多少「青」或有沒有「青」。有的話，稱爲「爆青」。但只能靠估計和運氣，從小小的「水口」間看「色根」，判斷石內到底可能有多少「青」。

所謂「色根」，亦稱爲「色眼」，是在翡翠原石外皮的凹坑，形如漏斗，向石中間伸展。「色根」與「青」互相連繫，有幾道「色根」就是好現象，因爲「爆青」的機會大。

由於翠玉的「青」生長在原石的內部，故不能一眼看到「青」的存在。以前的老師傅要先弄濕了玉皮，然後打燈刮看，但也是靠經驗估計，並無把握。

原石翠色有所謂深淺，深者「青」多，淺者「青」少。

翠色也必有生長的方向，縱的是「立性」，橫的是「卧性」，也有斜倚的，是根據原名的形狀作爲基本的依據。

通常色澤濃的、强的、聚的或寬的那一方稱爲「頭」，而色澤淡的、弱的、散的或窄的稱爲「尾」；不過，翠色的「頭」與「尾」變化無窮，看法應較靈活和有彈性，才能作客觀的鑑別。

質地硬度大些和色聚的稱爲「緊」，硬度稍低和色散淡些的稱爲「軟」。

原石中不宜在翠色間有「髒」的雜質和包裹物體，也不應有顯眼的綹裂。

「爆青」多而聚的，可圍成一隻翠玉鈪或大蛋面，但要沒有綹裂便較難。屬「尾」的翠玉可以在切割、打磨和出水後，再鑲砌成葉形、花形、蝶形、鳥形等等。

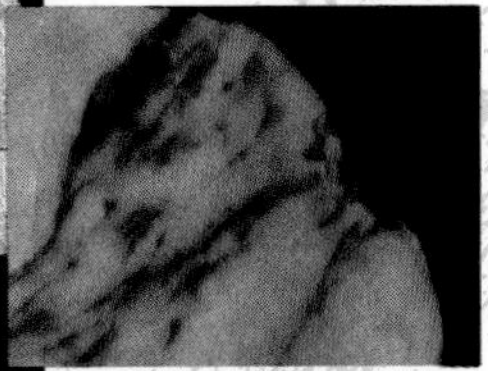

原石有時所顯現的「色根」比較暗沈

不少石貨內含很少翡翠

博石若能「爆青」，可得不少好的翠玉。

翡翠

清代乾隆「老坑種」翠玉帶鈎，長七點七厘米，色調濃陽均勻，罕有。

種質、水頭與皮殼

藏玩翠玉的朋友都可能聽過「皮殼」二字。皮殼是指翡翠外表的風化層。

「白沙皮」就是白色皮殼，「黃沙皮」就是黃色皮殼，「烏沙皮」和「黑沙皮」就是黑色皮殼，另有「鐵銹皮」等。

行內人士都知道，皮殼厚的，多數粗鬆而軟，裏面的玉種亦必較差，翠性劣和顆粒結構粗。

翠玉的質地粗糙的話，必然不夠細滑，不但種質差，而且水頭短，透明度就不高了。故選玉，忌取皮厚質粗。

相反地，皮殼較薄而又「緊」的，質地大多數上乘，顆粒結構幼細，其「蒼蠅翅」般的纖維狀細密。不過，亦有少數例外，我們只能說大部分的玉質與皮殼密切相聯，故有時觀其皮亦知其質。

比如，有少量皮殼薄和屬「細沙」的，玉質也不大好，或透明度差。原因有二：一爲皮殼受天然侵蝕變薄，一爲用人工打磨變薄。後者是做過手腳的皮殼。

我們遇此情形，可用十倍的放大鏡看清楚外皮的晶體顆粒結構是粗是幼，看清楚「蒼蠅翅」是大是小；當然，以幼、小的爲佳。

比較高檔的翡翠，原石皮殼必薄而細潤，裏面的種質優良和水頭長（水分足）。「細沙皮」的翠玉很少棉柳、黑絲、黑點等雜質。民間所謂「薄皮餡大」。

相對來說，粗厚皮就餡小，不但種差、水頭短，還往往有微裂、石花和棉狀物體。即使少數較通透，也帶裂紋和黑點的。

不過，我們不能以爲上述尺度放諸四海皆準；並非絕對性，而是相對性而言。

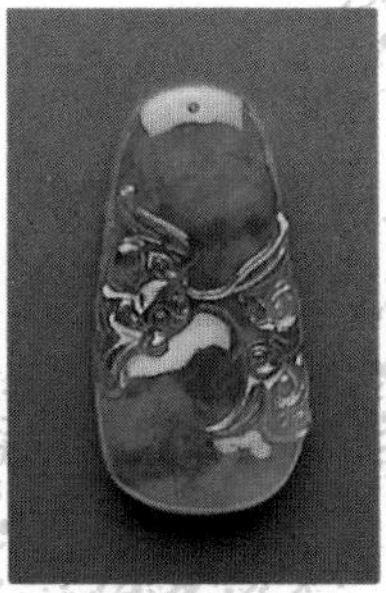

種、水、色俱佳的翠玉鏈墜

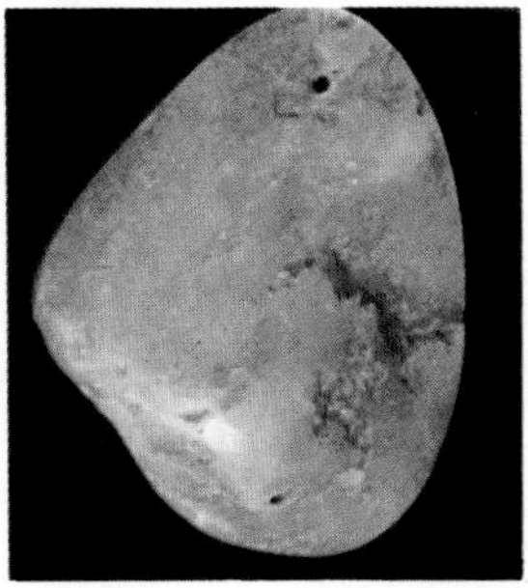

硬玉石貨的皮殼怎樣分辨，

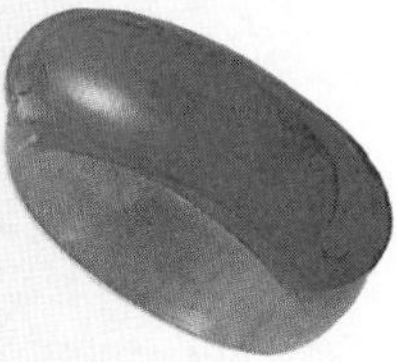

▶「老坑種」翠玉指環，種質特佳。

▶天然水分好的翠玉，種質必佳。

種質和水分均佳的翠玉鐲，翠色較淡。

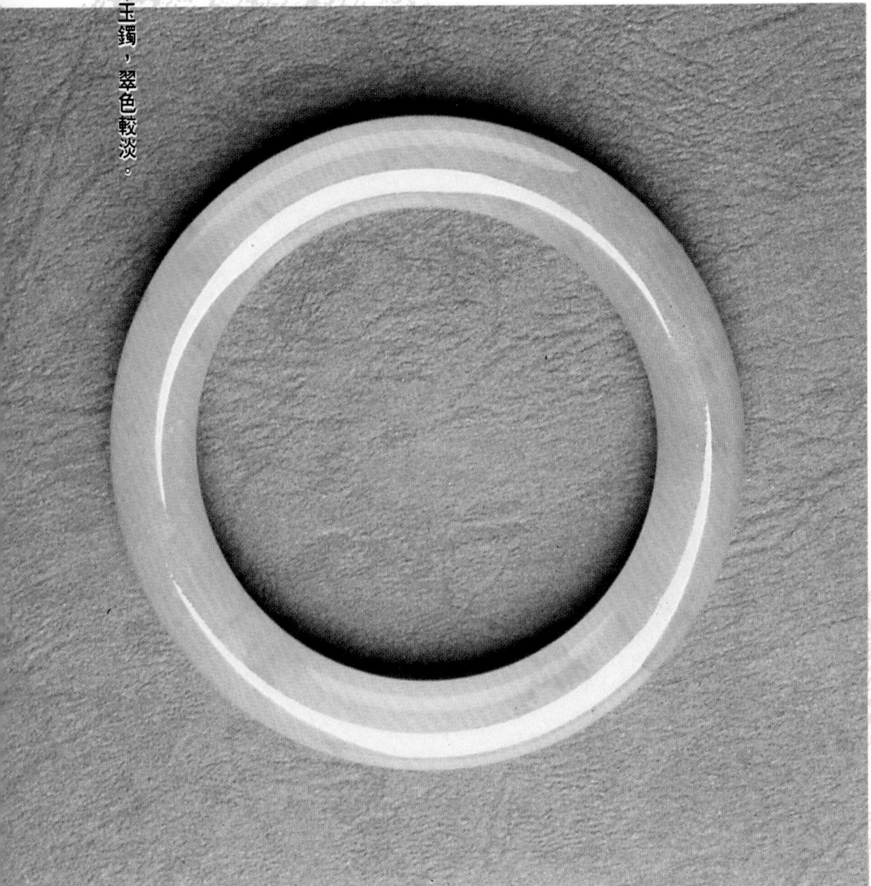

提防偽造皮殼

翡翠的偽造手法層出不窮，甚至皮殼也有偽作的。「熗綠」、逼染出來的是假色，酸蝕塡膠和上板的是假通透，都是直接從玉色玉地方面打主意；但爲什麼要偽造假皮殼呢？

原因有很多種，目的皆是蒙騙買家。現列舉其中兩個典型例子：

(一)先開一個「水口」，亦即大約一指節那麼小的「窗口」或「門子」，目的有如「投石問路」，從中窺察石貨的質地，但發覺玉質差，難有作爲。於是巧妙地封閉「水口」，以圖掩飾，並造上假皮殼，酷似原來的石璞。有時是從「水口」挖取了附近的「青」，才再塡補。

(二)切開原石（爆青）後，發覺少「青」，種質水分皆差，便設法亡羊補牢，造上假皮殼魚目混珠。

我們斷石時，應細心察看其皮殼的質地與色澤，小心檢查有無用膠黏合的隱痕。

做假皮殼後，入土數年，附近放入酸性、鹼性物質浸蝕，用以模仿天然的風化層。

從石貨中開出來的翠玉片，很少這麼上乘。

有些原石根本上不是硬玉，並不含翡翠。

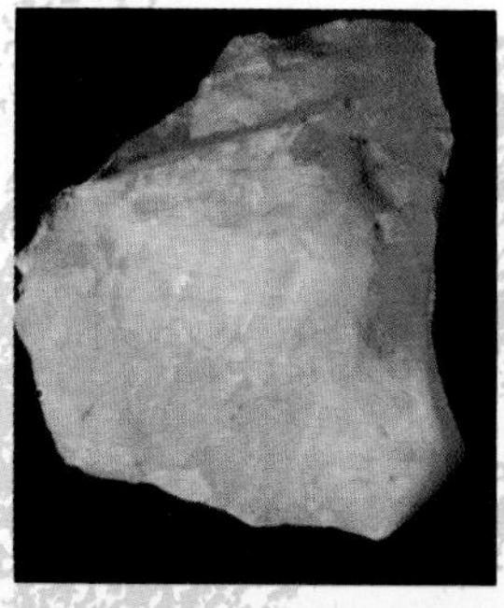

皮殼也有偽造的，小心！

「貓尿」、「蟒帶」、「松花」

我們常聽翠玉界的老行尊說「貓尿」、「皮包水」、「蟒帶」、「松花」等趣怪名詞，很多玩翠玉或收藏界的人士都不知道是什麼東西。

「貓尿」和「皮包水」其實是指同一種浸染層的色澤。所謂浸染層，就是翡翠原石質地與皮殼(風化層)之間的交接處，俗稱爲「霧」，中國和台灣的老師傅皆這樣稱呼。「貓尿」和「皮包水」是指這層「霧」呈灰黑色或灰色。

「蟒帶」是指一種特別的紋帶，有些很明顯，有些若隱若現，是翡翠原石皮殼沙粒上的帶狀跡象，與顏色有關，本身的顏色卻和四周差別不大。

「松花」是原石皮殼的沙粒，有顏色，通常與內部顏色一致。有些「松花」稍大，不必用放大鏡也可以用肉眼看出來，但是細小的就必須用放大鏡才可以看到。

翠花斑駁紛雜的舊鼻煙壺

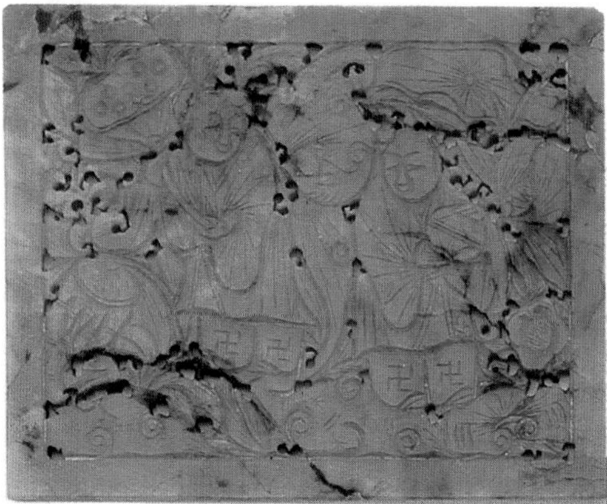

清代雕工的「和合二仙」翠玉件，玉質較粗劣，色調不佳。

用舊翠玉改成的飾物

提防用石冒充玉

在中國買翠玉要特別小心，大多數A貨都較香港貴，而一些攤檔子的貨色又不可靠，以其他石冒充翠玉。故不懂得區分是眞翠玉還是假翠玉的話，切勿亂買，以免招致無謂的損失。香港也偶見有這種情形，不過並非以其他石冒充，而多數是造底的B貨或入色的C貨。

曾有友人到中國旅遊，說買了一些「翠玉」鏈墜和戒指，十分便宜。

後來我一看，發覺根本上不是什麼「翠玉」，而是一種質較粗的南陽獨山石，有一對耳環甚至是樹脂料。

用來冒充翡翠的石有多種，行內人士根本上一眼可以看出來，因爲質低劣，色調不同。只有對翡翠毫無認識的人才會受騙。

有人用碧玉冒充，但碧玉是角閃石類，並無翠性，摩氏硬度較低。

有人用岫玉冒充，但岫玉常呈油脂光澤，性脆，硬度與比重俱低。

鈣鋁榴石雖然透明，但同樣有油脂光澤感，並無眞翠。

鈉長石類的天河石雖然顏色藍藍青青，可是，我們可以照見鈉長石的小條紋，無所遁形。

東陵石硬則硬了，可以媲美翡翠的硬度，但比重與折光率俱低；即使有類似翠玉的「青」，但可以清清楚楚看見內裏鉻雲母片狀礦物閃閃發亮似的，而翠玉則無。

至於熒石，則更鬆脆缺青，與葡萄石一樣，連翠玉中的「花青」也冒充不了。玉髓的色質更完全不同。

有些玩玉的朋友因經濟關係，便寧願買「花青」、「豆青」或「油青」，雖然質較差，但至少也是硬玉，不致買錯石頭。

晚清鑲刻的翠玉件，鑲作鏈墜，玉質平常，色調欠濃勻。

◀色調過於暗沈的翠玉雕像（「桃源三結義」）

翡翠

工藝卓絕的翡翠香爐，闊十五厘米。

翡翠講究琢磨技巧

一些高檔翠玉牌透雕的花鳥等圖案紋飾，十分精細，可稱工藝精湛。

翠玉件的選料固然重要，設計亦需花心思，但琢磨和拋光（出水）的技術也很重要。師傅要利用不同的工具帶動金剛沙，才能琢磨。

比如鍘鉈和鏨鉈，用來除去玉材無用的多餘部分；然後以金剛石輪沖成粗坯。

由磨出雕件大樣，至勾出細緻花紋，要使用不同種類大小的鉈。最初用磨鉈磨出外型，像觀音、雀鳥、蟋蟀、小魚、如意、花卉、靈芝、蝙蝠等模樣，才用軋鉈開臉，細琢成各細部，像腳、眼、嘴、瓣、翅等等。

最後，用勾鉈勾出很細緻的花紋。如果是鏤空的透雕，便更費工夫。

最初去除輪廓以外的玉料，北方人稱爲「鴿外殼」，分別用「樞」和「俵」的技法琢圓而切去楞角；然後又要「划」，亦即用鍘鉈或鏨鉈在玉料上切出一排排平行的溝槽，繼用搠刀把溝槽中間的玉肉划去。

北方行內話「去疏岔」，就是用沖鉈或磨鉈把表面坑窪不平的地方沖磨平整；最後才能上花。除非是素件（如蛋面、杏心、馬鞍），一般翠玉首飾和擺件都會琢製圓雕、浮雕、陰刻，或鏤空的花紋，北方人稱爲「做面子」。

清代福壽雙輝翠玉簪，「老坑種」，甚罕有。

「老坑種」翠玉雕件「龍精虎猛，一帆風順」

鏤空的翡玉件（夾雜紫羅蘭色）

高十九厘米的翠玉像，雕工複雜，琢磨技巧甚佳。

翡翠的上花技巧

我們購買翠玉件，除了素件是素面無紋以外，大都注意紋飾，要和形制配合；不但講究造型和結構要細緻、緊密和美觀，而且最好是意頭佳。

翠玉的種質、水分、天然顏色固然重要，若琢磨技術不精，雕藝稍差，便影響其美感與價值。清末民初不少舊翠玉設計特別，究其原因，是除講究選料外，主要是能慢工出細貨，當作一件藝術品那樣雕琢。

大概以前的玉工有的是時間，並不急功近利，不出產行貨，因此，往往每件「老坑種」的高檔貨都有獨特的面目，不是千篇一律。

好的玉料亦着重琢磨和上花的技巧。如果是立體翠玉雕件，要先「啃頭」。像傳統題材的鳳鳥、魚、龍頭帶鈎和各種花卉裝飾等，便很注重怎樣「啃」。

尤其是琢製觀音，頭臉的神態和手指的姿勢要「啃」得適當；一般師傅是以軋鉈進一步找型的。

傳統的翠玉上花主要分五類：

㈠頂撞花——即深浮雕，要把花紋「地子」頂撞到一定的深度。

㈡圓雕花——即立體花紋，要渾成一體。

㈢鏤空花——俗稱透雕，以胸針、花薰爲多。

㈣疊窪花——是琢出重疊有層次的花飾。

㈤勾徹花——淺浮雕，是翠玉最常見的一種「面子花」。若對勾出的花紋不徹，而是往裏嵌金絲銀絲，就稱爲「嵌絲花」了。

清代「老坑種」翠玉雕件，可懸掛在特製的座架上作擺設。

罕有的晚清翠玉香爐，價值二百五十萬港元，曾在蘇富比拍賣。

從審料到拋光

我們除了鑑別翠玉的眞假之外，還應學曉鑑別翠玉的優劣與製作技巧。

製作翠玉器要經過「議」、「繪」、「琢」、「光」等幾個重要階段。

「議」，就是審料，行家稱爲「問料」，要細心看皮、看色、看玉性和種質；根據其翠色在原石的分布形狀、大小和分配情況等，判斷用來雕琢什麼形制、什麼器物或首飾。

另要看看翠玉料哪部位有雜質（北方人稱爲「髒」），哪部分有裂紋（北方人叫作「綹」），以便在製作時去除、避開或盡可能遮蓋。

所謂「量料取材，依材施藝」，始可物盡其用，使全件製成的翠玉器達到最佳效果。

「繪」，是粗畫上要雕琢的外型後，再細繪輪廓內的細部；有些玉工用符號來代表繪，行家稱爲「打稿」。

「琢」的過程最繁複，先要去皮、開料，前者用的工具是鉈，後者用拉絲弓鋸。

此外，又要打眼、摳、俵（切割）、划、沖、鏨、軋和上花等等，步驟很多。由此可知要琢製一件好的翠玉器，必須精妙，慢工出細貨，不能像坊間行貨般粗製濫造、粗枝大葉。

清代巨工製一個「老坑」翠玉帶扣或帶鈎，可能花上大半年以上工夫的。

拋光（出水）的程序也很重要。翠玉要先過「糙膠」，因硬度較高，斷裂面呈砂糖狀或貝殼狀；接着再過「二細子膠」和「細膠」，才可一步一步地去糙而變得亮麗。磨料則用「細砂卵」，俗稱「寶藥」。

翠玉過膠去糙後，傳統的玉工多數用葫蘆鉈「罩亮」拋光，最後才用清水洗刷乾淨。

上述各程序都做得好的「老坑種」翠玉，才更具保值作用。若種好水足但拋光差，可說美中不足。

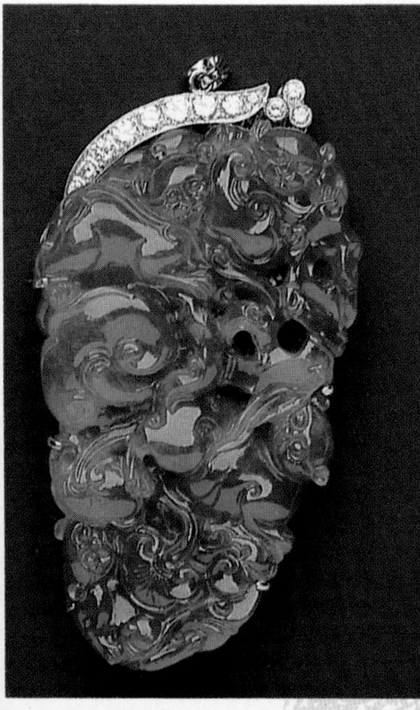

「老坑種」翠玉鏈墜，翠色鮮陽濃勻，雕有靈芝和小貓。

罕有方形舊翡翠香爐，價值四百六十萬港元，曾在香港太古佳士得拍賣。

拋光足夠才亮麗

我們常見「拋光」一詞，即俗稱「出水」。

拋光是把翠玉進行加工的一個程序，加工時要運用各種工具帶動金剛沙，把翠玉琢磨。通常會用鍘鉈和鏨鉈等；細緻的花紋就要用勾鉈。

出水，是要先去粗糙，後上光。清末至民國期間，用木、布、竹、皮、葫蘆、石和膠等作輔助材料和工具。

出水的最後階段是把翠玉上油塗蠟，使更有光澤。

如果翠玉不出水，便難以顯出通透亮麗。有時種質和色澤本來都不錯，就是因爲拋光不足，便透不出「玻璃光」，難以凝靈晶瑩。若爲色濃陽正勻的高檔貨色，拋光不足便透不出熒光，價值打了個折扣。

不過，高檔翠玉皆會用一流師傅，很少省工夫，必然拋光十足，買家不必擔心。

反而一些種質不好、本身水頭較短的翠玉，怎樣做足出水的工夫，也難以通透；因爲翠性大 、 纖維顆粒粗。

古人說「朽木不可雕」，種差的玉件怎樣出水也無濟於事的。

如果賣家指出你想購買的翠玉飾物或小擺件只是拋光不足夠而已，其實種質很好；你不必相信他。他可能欺負你外行，不知內情，故諸多解釋。

我們應牢記：「老坑玻璃種」等高檔玉一定做足拋光工夫的，誰會「暴殄天物」？何況做生意必然想賣個好價錢。水頭短的翠玉並非拋光不足，而是種質根本上鬆軟。

通常用人手出水的，效果會好些，也較貴些。

拋光足夠的翠玉，鑲成首飾，分外奪目。

拋光足夠的欖尖形翠玉，可鑲嵌成不同首飾。

水分充足而又拋光足夠的翠玉鐲一對，晶瑩可愛。

翠玉的植物紋飾

我們可以看見一些翠玉的形制和花紋都是直接表現大自然的景物、植物和動物的。

這些形制和紋飾與中國人歷來的大自然觀念很有關係。中國民間人士講求把人和大自然融合爲一，以求和諧；並非像一些西方觀念與大自然對立。

所以，大家可以發覺民初時民間有些「白底青」的翠玉衣鈕，是連體的蓮藕形，或並蒂花；清代迄今的翠玉首飾皆以花鳥紋爲主。

其實這種自然觀，自唐代以前，已表現在民間玉上，只不過所用來琢製的佩飾是中國新疆白玉、遼寧青黃玉等而已；清末的翠玉雕便繼承了這些傳統。

玉工除了用各種變化了的幾何形體表現天地、信念、德性之外，還把自然景物充分表現在玉器上。

清末琢的翠玉，已出現了植物的枝幹、莖節、果實、花葉等等。民間男女特別喜歡蓮、竹、梅、靈芝、松、海棠、牡丹、葫蘆、桃、葡萄、佛手等等。

有些翠玉首飾與鳥獸紋互相配合，因材施藝，布局巧妙，層次有序。

另一些翠玉首飾不只是蛋面、杏心或橢圓，還結合了畫意，較技巧地反映了自然美的本質，把自然化與世俗喜好的東西結合一體，變成雅俗共賞的飾物和小擺設。

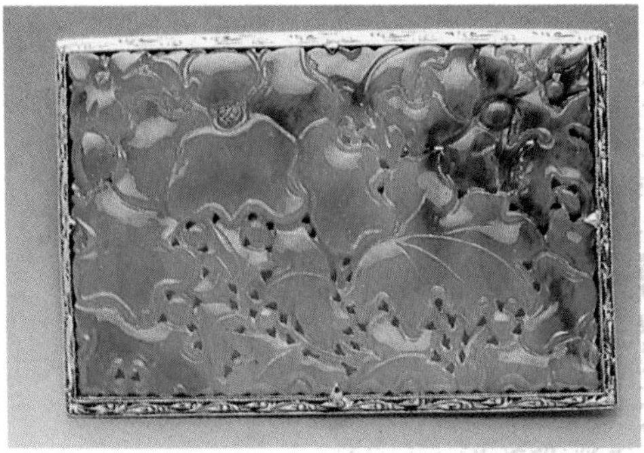

花葉紋飾鏤空翠玉件，舊雕工。

舊工「老坑種」翠玉花紋耳環

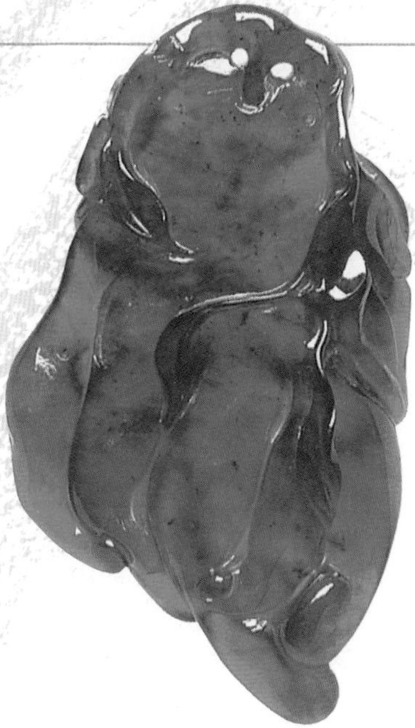

「老坑種」翠玉佛手鏈墜，舊工，價值三百萬港元。

「老坑種」翠玉（滿綠）帶扣，童子花卉紋飾，舊工。

自然形的翠玉雕

不少翠玉雕刻，是仿照實物或自然物體的造型。較爲典型的是翠玉白菜、青豆（多用作耳環）、蟋蟀、瓜果、魚、鳥、花葉、葫蘆、佛手、葡萄等。

有些造型和紋飾，源自宋代至清代的白玉器飾。唐代以前的中國玉雕（當時仍未有緬甸運來的翡翠），除了動物造型之外，大都是變化多端的幾何形體，有些更屬抽象的紋飾，表現不同的理念與天地觀；玉工很少把自然作爲直接表現對象。

他們最多將自然化成雲紋、花鳥紋或龍紋等，是經過變形的紋飾。

從宋代開始，這種趨向始有變；但宋代，仍是以白玉、黃玉和青玉等玉材爲主。到了清代，自然景物和實物才大量在玉器中充分表現。

那時翠玉開始慢慢盛行，到清末更達高峯，對民國迄今的翠玉雕刻造型影響甚大。松、竹、梅、荷、靈芝、鳥、魚、蟲等紛紛在翠玉件上出現，其中不少布局巧妙，層次有序。後來蔬菜瓜果的造型增多，加强了陳設的效果。

舊工雕花翠玉件，「老坑玻璃種」，種好色佳。

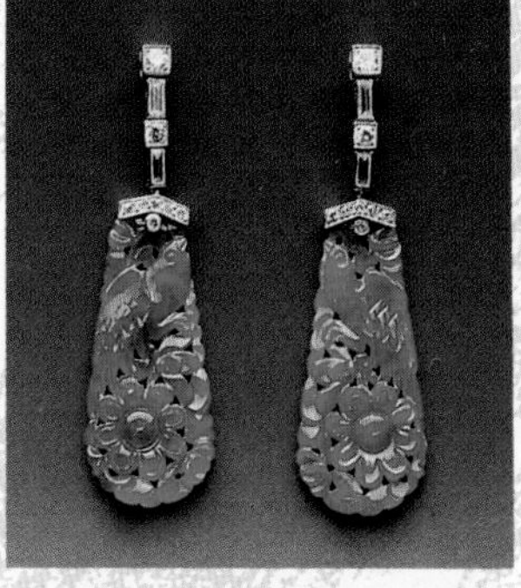

「老坑種」翠玉花鳥耳環，雕工精細。

自然形的舊翠玉花鳥蓋瓶，雕工精絕，玉質通透，可惜翠色太少。

「老坑種」翠玉件，高約四厘米，雕有蟋蟀。

翡翠雕作擺件

清末民初，翠玉擺件有各種不同的形制，迄今仍有很多人喜愛。以下是其中一些：

㈠觀音、八仙、壽星、彌勒佛、和合二仙、仕女、童子等人像，以觀音和仕女較爲普遍。

㈡鼻煙壺。造型多變，比如有仿古瓶形、雙魚形、茄子形、葫蘆形，以及各種動植物等樣式。傳統形制多數形如扁圓瓶，短頸小口。壺蓋則配上琥珀、瑪瑙、碧璽、珊瑚等。也有用原件「老坑」翠玉所製，有些素面無紋，有些則有吉祥紋，各有千秋。現今鼻煙壺只作觀賞用。

㈢帶鈎和帶扣。後者形如兩片方板，一板附環，一板附鈎，兩板可以扣接。板上多數飾以龍鳳花紋或其他吉祥圖案。

翠玉帶鈎大都是琵琶形，細端鈎回爲鈎頭，有龍、螭等樣式，粗端爲鈎腹；胸腹背面有一釘頭形凸臍，本來用來套腰帶，另有一環與鈎頭相接的，但現今服飾不同，已無大實用價值，只當作擺件。

㈣鳳鳥、獸鈕章、蟋蟀雕件、蝙蝠雕件等，均與動物的形制有關。

㈤扳指，即翠玉韘，圓筒形。本來套於手指作拉弓搭箭時用。翠玉所製的多數素面無紋，亦有少數飾以淺浮雕等文飾。現今只作、擺設之用。

翠玉三足獸鈕香爐，舊工，是設計特別的擺件。

高三十一厘米的翠玉像，舊工，曾在香港蘇富比拍賣，價值爲二百多萬港元。

翠玉鐲與指環消災

翠玉飾物不但具有觀賞與美化作用，以前的人還相信可代人消災解難。

清末、民國以至現今，仍然有人相信翠玉鐲、翠玉戒指與翠玉項鏈等可以護身和安人心，避開災難和受傷。

這些觀念，是源自遠古；所不同的是清代以前，民間人士所佩帶的都是白玉、青白玉、青玉、碧玉和黃玉等，亦即角閃玉類；那時還未時興緬甸翠玉。

清末以後流行的翠玉，因爲也是屬於玉，只不過是輝石類的硬玉而已，故一般男女同樣認爲可護身。

古時稱指環爲「戒子」（現寫作「戒指」），顧名思義，也有防備與警戒的意思。現今我們戴翠玉指環，除了裝飾和作爲感情的信物外，亦蘊涵此意。

像手鐲，以前的人叫臂釧，遠古時代用來防獸和驅邪。現今的翠玉鈪（鐲），是戴在手腕上，而非臂上；物主不慎跌倒時，據說它可代爲受罪，化解不幸。翠玉和白玉一樣有靈氣和寶光，護着物主云云。

「老坑種」翠玉鐲，舊工。

「老坑玻璃種」翠玉指環

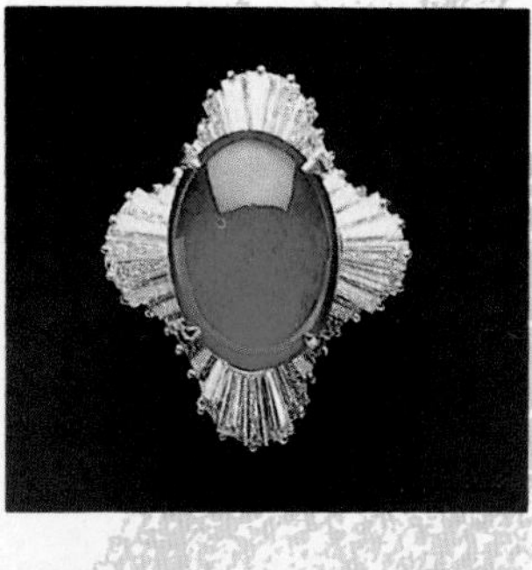

「玻璃種」蛋面翠玉鑽石指環

翡翠

水分充足的一對翠玉鐲，每個直徑爲七厘米。

翠玉鐲聲清脆爲佳

民間不少人士喜歡購買翠玉鈪（玉鐲子）。除非是清代的製品，否則近代翠玉鈪絕少雕琢花紋，而是像蛋面戒指和蛋面鏈墜一樣是光面的。

清代一些有色和好種的翠玉鈪，也會雕琢成竹節形、藕節形、龍形，或刻螺旋紋，甚至透雕（可另參見《保值翠玉》一書的彩圖）；其實把無瑕的翠玉這樣剔去一部分，煞是可惜。現今的高檔翠玉鈪都不會這樣「浪費」，必然用來作正規的光面料子。

清代時，種質好、水頭足的翠玉鈪也琢成不同的紋飾，以表示其「氣派」，甚至把造花件的雕琢技巧也用到玉鈪上。

現今的翠玉鈪是光面的，什麼雕花也沒有，不同於花件可以遮遮掩掩和琢去瑕玷；其種、水、色均一目了然，難以虛飾。

通常，纖維顆粒細密的「老坑」翠玉鈪，因爲夠堅硬，故輕敲則其聲清脆。天然晶瑩亮麗的高檔貨，可憑聲辨質。

坊間一般的「冬瓜囊種」、「豆青種」和「油青種」等翠玉鈪，除了欠缺鮮陽亮麗的色之外，輕敲聲濁而不清脆，因纖維顆粒粗疏，翠性過大。

有瑕疵或裂縫的翠玉鈪，亦難以發出清脆的聲音。

敲時切勿過於用力，免損及玉質。日常戴在手腕上，也應加倍小心，避免碰撞。有時碰撞後外表似無損裂，但是內裏必然多少給震壞有「內傷」，問題是嚴重程度如何而已。若用放大鏡看清楚，可能內裏已有似幼微蜘蛛網的暗裂了。

翠玉鈪很忌油煙，故戴翠玉鈪到廚房炒菜或時常拿着香煙抽，並非明智之舉。

舊工「老坑種」翠玉鐲

A貨的翠玉鐲，特別亮麗。

設計特別的連環翠玉耳環

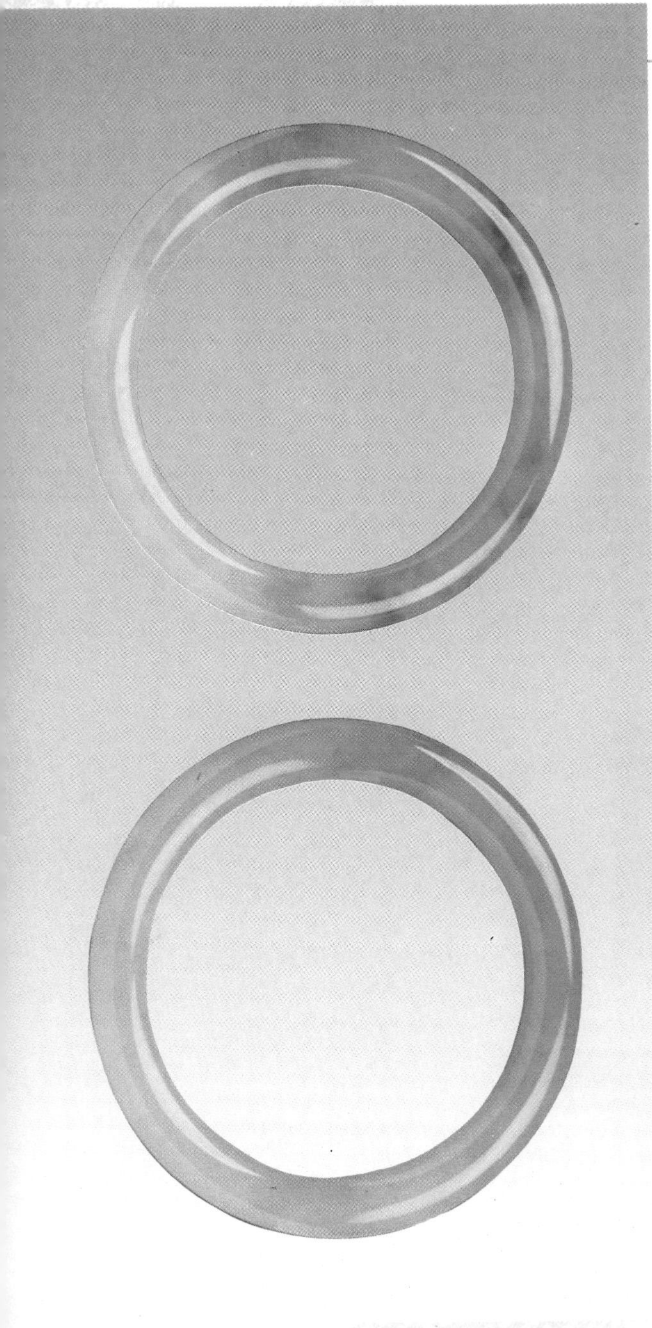

種、水、色上乘的一對翠玉鐲，其聲甚清脆。

翠玉耳環的祖宗

自古以來，女性喜歡戴耳環，走起路來耳環搖曳生姿，更添美態；而且可以點綴嬌俏的面容，顯得更美麗。

晉朝時女性的珍珠耳璫，普通平民婦女並不准戴，必須是貴夫人方有資格戴。

研究古代婦女飾物的朋友則推斷遠古時，耳璫是蠻夷女子才戴。因爲蠻夷女子性外向而輕浮，不夠斯文，所以要在耳珠上懸垂一些叮叮噹噹的東西，一來好聽好看，二來也因爲走得太快耳璫會跌下來，於是便可令她們走得慢些。

照這樣說來，應該是後來的貴夫人學蠻夷女子佩帶這種裝飾。

前幾年，考古學家在陝北清澗縣，發掘出雲朶狀的耳環，是少數民族婦女所戴，距今有三千多年歷史；證明上述那位朋友的推斷沒有錯，不是胡亂猜測，而是有不少文獻可稽。由此證明中國婦女在三代以前已戴耳環。而且，金耳環在唐代時已流行。

至於現今仍流行的翠玉耳環，則在清末時才開始流行，民國大盛。

緬甸翠玉要到慈禧太后時才開始較多運到中國。明代和清初則很少見有翠玉的耳環。故翠玉耳環的歷史應不太悠久，比不上珍珠耳環和金耳環般古老。

一九二五年「老坑種」翠玉淚滴形耳環

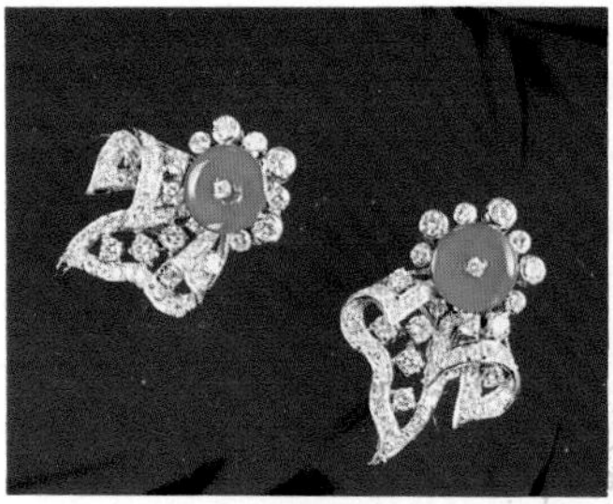

「老坑玻璃種」翠玉耳環

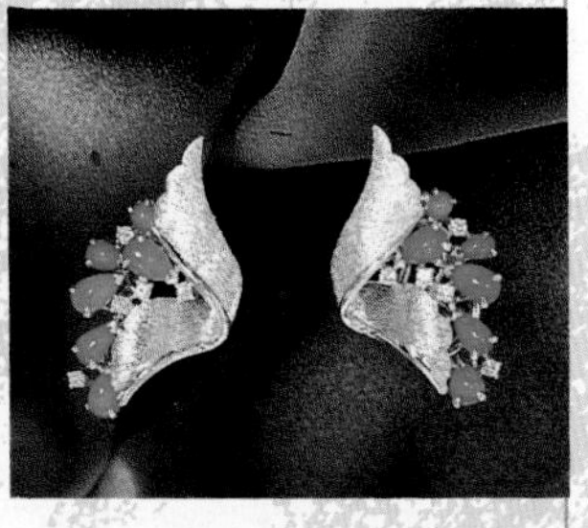

利用一些淚滴形的翠玉小件所設計成的耳環

可以分拆開來變成兩款不同的翠玉耳環

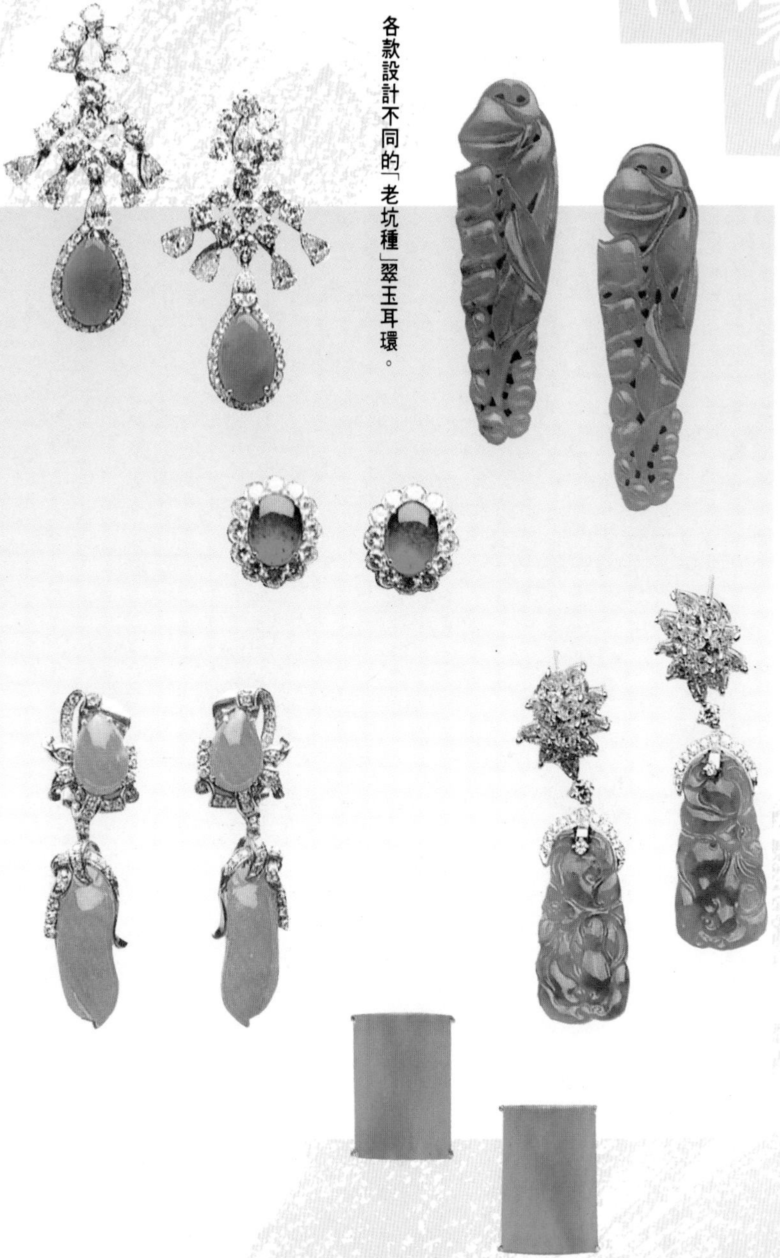

各款設計不同的「老坑種」翠玉耳環。

指環與翠玉

現今民間男男女女都戴金戒指或翠玉戒指。可是，在歐洲古羅馬時代，只有貴族才有特權戴金戒指，一般平民百姓只能戴鐵戒指，否則可能遭殺身之禍。

戴戒指最初起源於埃及，法老王以金戒指作爲權力的象徵。那時的戒指似印章或小甲蟲，以示「永恒」。

古埃及人以小甲蟲作爲吉祥物，亦是護身符，以示平安吉慶。所以，古埃及的戒指刻上一些祝頌語或符咒，作爲旁身的吉語，亦可辟邪云云。

現今戴戒指，除了是「愛的盟誓與結合」的象徵（即結婚戒指），亦可用來裝飾和顯示財富。

比如一枚蛋面「老坑玻璃種」戒指，就是我所指的「保值翠玉」，價錢過百萬元也不足爲奇。但是，價值與日俱升。民間攤檔和街邊常見的「豆青種」、「白底青」與「冬瓜囊種」戒指，除了有點裝飾性之外，便無大保值作用。

中國女性在殷商時代已戴戒指，漢代頗盛行，稱爲「約指」，唐宋叫作「指環」，到明代才稱爲戒指。有人說南方人才稱「戒指」，北方人叫作「指環」。其實分別不在於南、北地域，而是在於不同的年代。

翠玉戒指到明末才偶見出現，但絕少；清末女性始流行翠玉戒指，民國迄今仍盛行不衰，更勝於寶石，因民間相信有護身作用。

「玻璃種」翠玉指環

可用兩顆小鑽石配襯翠玉

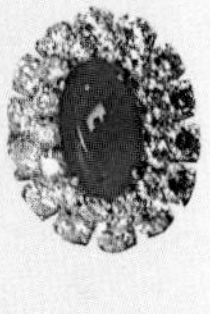

色彩濃綠的「老坑種」翠玉戒指

設計高貴的翠玉指環

鑲工特別的翠玉指環

長方形的翠玉片，可以設計成典雅獨特的指環。

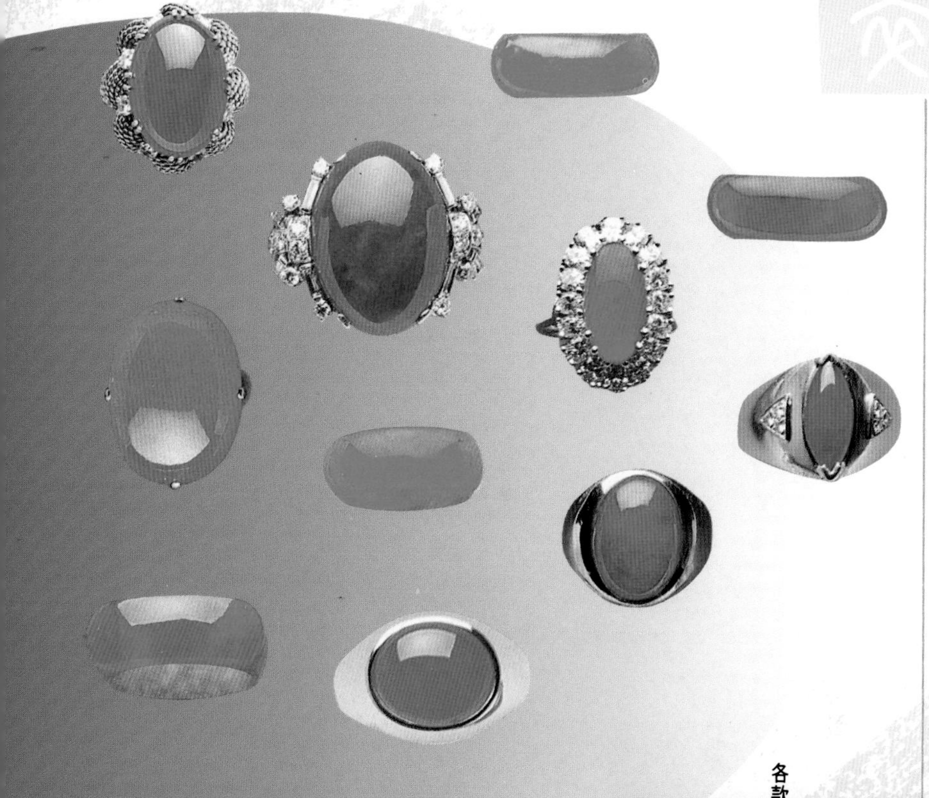

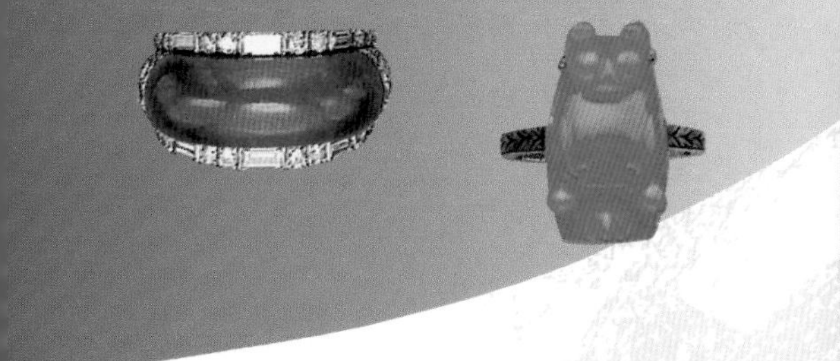

各款「老坑種」翠玉指環，皆種質上乘。

翠玉金項鏈

中國在新石器時代，男女均已開始佩帶項鏈，一來作裝飾，美化自己(因愛美是自古以來人的天性)，二來作爲護身辟邪之用。

不過，古代項鏈十分粗陋，最初是串些小石頭、獸骨、獸牙、種子、陶泥珠、木片等等，還沒有翡翠，而只有一些岫岩玉與其他角閃玉。

像紅山文化、龍山文化和良渚文化的古玉飾物，僅有角閃玉類，絕無翠玉。

翠玉項鏈到清代末期始流行，明以前的器物根本上找不到，情形與翠玉戒指和翠玉鈪相同。

有人說周代有「翠玉」，其實那些是青黃玉、陽起石之類，根本上不是輝石玉類的翠玉。

「老坑玻璃種」的翠玉塔珠鏈當然很珍貴，但每顆的質素要一樣，亦即玉種皆上乘，水頭長，翠色純正鮮陽和均勻。假如有幾顆不相襯，便覺失眞。

現今有些翠玉項鏈的設計每每與十八K金或十四K金配襯成一體，也有用足金的。款式特別的較受歡迎。

佩用時要小心，避免與酸、鹼、鹽、硫等有害的物質接觸，洗澡和睡覺時應除下來。

用舊工「老坑玻璃種」翠玉鑲成的金頭飾，爲「二龍爭珠」。

「老坑玻璃種」翠玉珠鏈，共六十七顆，其中間有鑲鑽石的黃金珠。

翠玉塔珠鏈

怎樣才算是塔珠鏈呢?

所謂「塔」,是指翠玉圓珠粒的排列次序,是由大漸次到小,亦即逐漸變化,從大而小,猶如中國古塔的建築,下層較大,每層依次縮小,「疊」至最高一層便屬最小。

如果每粒翠玉珠的直徑相同,換言之,是同樣大小的話,便不能稱爲「塔珠」了。

通常「老坑玻璃種」的塔珠鏈保值作用才大,最大的翠玉珠體積,一般應爲十一至十二毫米;最小則爲四至四點五毫米。

蘇富比在一九九一年的秋季大拍賣中,曾拍賣出一串甚罕有的塔珠鏈,共一百零七粒珠,全是特級的「老坑玻璃種」,是有熒光的「寶石綠」;其白金鑲鑽扣環更有「卡地亞」的標記。

估價本來是港幣六百萬至八百萬元,結果成交價竟高達一千二百萬元,可見高檔的翠玉塔珠鏈的價值實在使人咋舌,但台灣和香港覬覦的人仍不少。

爲什麼高檔翠玉塔珠鏈分外難得呢?主要由於一條鏈所需的串珠甚多,輒以百計以上;但每粒翠玉珠的翠色都要同樣均勻、鮮陽、純正,色調也要一模一樣,好比從同一原石開採出來(其實不大可能),擺放成「塔」形般和諧一致;也必須同樣晶瑩通透、水分足,質地完全相同。

塔珠鏈通常是單層的,已難能可貴;也有雙層的,需近兩百粒珠,高檔的更珍罕。

上等「老坑玻璃種」塔珠鏈,種、水、色俱佳,價值二百萬港元。

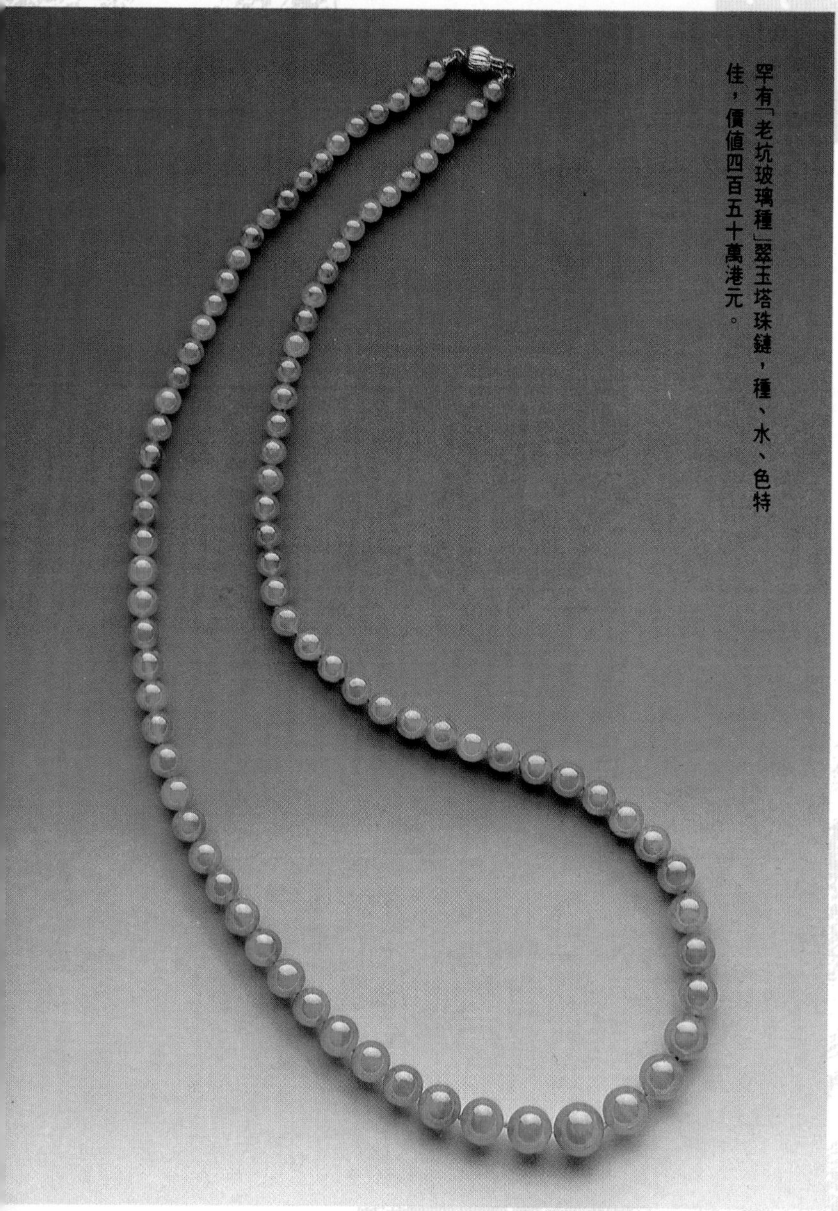

罕有「老坑玻璃種」翠玉塔珠鏈，種、水、色特佳，價值四百五十萬港元。

觀音的傳說

內子喜歡收藏觀音，不論是陶瓷、字畫、玉石、水晶、木雕、泥塑，以至用鐵、用鉛鑄成的舊觀音，只要面相好、造型優美，皆作爲主題收藏。

收藏難度較高和較珍貴的是「老坑」翠玉觀音。尤其是「玻璃種」，一個鏈墜也非同凡響。

擺放觀音，應放正中央較高處，方能言敬。曾有富商捐贈一古董瓷觀音給博物館，而博物館人員一直以來把觀音擱置在門旁的地面上，富商發覺後很不高興，認爲是一種「褻瀆」。其實身爲研究古物的人員，也應兼及擺放位置的重要。

中國人特別喜歡觀音。觀音原應稱爲「觀世音」，梵文寫作「AVALOKITESVARA」，「觀世音」是中譯，亦即人們遇到苦惱時，觀其聲音，皆可解脫云云，若音譯全字，應爲「阿婆盧吉低舍婆羅」。

《傳略》載：「遍觀古今之世音，普察人間之善惡，故有觀世音之號。」

也有人譯爲「觀自在」、「觀世自在」、「光世音」，意思就是「觀機往救，自在無閡」，是佛教普渡衆生的精神。

在唐太宗李世民之前，民間皆叫作「觀世音」；因爲避太宗原名中的「世」字，故省去，簡稱爲「觀音」。

在魏晋南北朝時，由於佛經傳入中國，觀世音亦隨之傳入。

古代印度，觀世音原是男性神，最初傳入中國時也是。我們到敦煌旅遊，參觀佛畫中很多觀音像，便看到了最佳證據。有些觀世音還有兩撇鬍子。

到南北朝時，因北齊武成皇帝臥病期間，曾夢見觀世音是婷婷玉立的窈窕美人，於是，後來的觀音像便開始由男變女了。

舊翠玉觀音像（三十八厘米高），頗光潤，但色不夠翠綠。

小型翠玉觀音

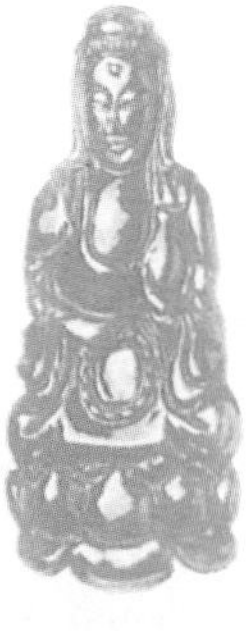

小型翠玉觀音

觀音坐蓮翠玉雕像，雕工不錯，翠色不夠均勻和鮮濃。

清末翡翠觀音雕像、工藝精巧、高二十八厘米。

清末翡翠觀音雕像，工藝精巧，高二十八厘米。

童子觀音翠玉雕，種質和翠色平平，但雕工不錯。

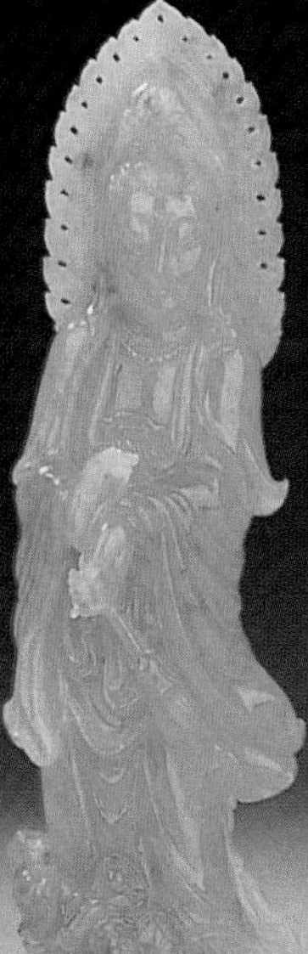

「老坑種」翠玉觀音、翠色鮮陽、但稍欠均勻。

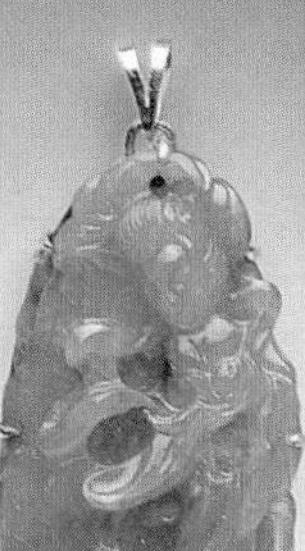

翠玉觀音鏈墜

作者簡介

李英豪，廣東中山人，一九四一年六月六日出生，自幼喜愛藝術和四處逍遙遊。曾任香港現代文學美術協會會長、國際繪畫沙龍主席、世界收藏家協會亞洲區顧問、國際蘭圃顧問、世界園藝中心顧問，爲著名的「香港四怪」之一。

七十年代初期「半隱居」，研究中國古籍、收藏學和花鳥魚貓狗。八十年代中期，李英豪東山復出，埋首著述。一九八八年與夏淑敏結婚，再過優游自在的「半隱居」生活，與山林海天爲伍，探遊各個古文明國家。二人極喜愛收集古董表、古陶瓷、古玉、珍郵、宜興紫砂茶壺、貝殼、印石和字畫等。

李英豪論花鳥蟲魚貓狗和收藏等生活情趣的專欄，分別見於各大報章雜誌。結集著作更不計其數，初期著作包括《批評的視覺》、《沙特戲劇》、《山外有山》，另有彩色巨册《洋蘭栽培》等。曾在無線電視主持「養花貼士」、「閒情雅趣」和「收藏樂」，替香港電台主持生活情趣和文化節目。

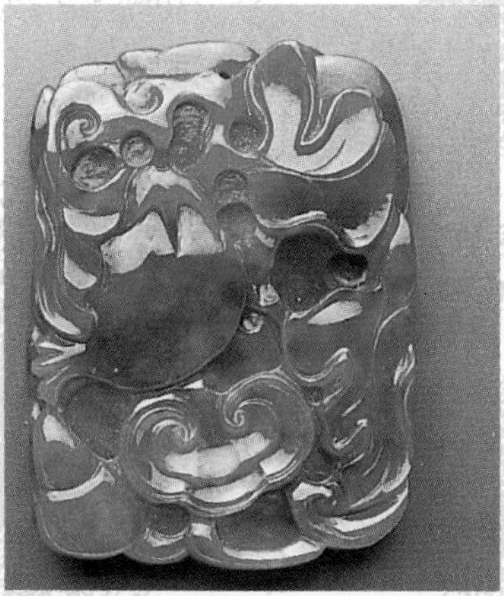

作者所喜愛的「老坑玻璃種」翠玉件「福壽如意」

鑑別翡翠

李英豪著

香港博益出版集團有限公司授權
台灣藝術圖書公司在台印刷發行

法律顧問◉ 北辰著作權事務所
◉ 蕭雄淋律師

發 行 人◉ 何恭上
發 行 所◉ 藝術圖書公司

地　　址◉ 台北市羅斯福路3段283巷18號
電　　話◉ (02) 362-0578 • (02) 362-9769
傳　　眞◉ (02) 362-3594
郵　　撥◉ 郵政劃撥 0017620-0 號帳戶

南部分社◉ 台南市西門路1段223巷10弄26號
電　　話◉ (06) 261-7268
傳　　眞◉ (06) 263-7698

中部分社◉ 台中縣潭子鄉大豐路3段186巷6弄35號
電　　話◉ (04) 534-0234
傳　　眞◉ (04) 533-1186

登 記 證◉ 行政院新聞局台業字第 1035 號

定　　價◉ 280 元

再　　版◉ 1997年 6 月30日

ISBN 957-672-069-9